U0518056

元宇宙的本质

人类未来的超级智能系统

蔡恒进　蔡天琪　耿嘉伟——

著

中信出版集团｜北京

图书在版编目（CIP）数据

元宇宙的本质：人类未来的超级智能系统 / 蔡恒进，蔡天琪，耿嘉伟著 . -- 北京：中信出版社，2022.7
ISBN 978-7-5217-4481-1

I.①元… II.①蔡… ②蔡… ③耿… III.①信息经济 IV.① F49

中国版本图书馆 CIP 数据核字（2022）第 095555 号

元宇宙的本质——人类未来的超级智能系统

著者： 蔡恒进 蔡天琪 耿嘉伟
出版发行： 中信出版集团股份有限公司
 （北京市朝阳区惠新东街甲 4 号富盛大厦 2 座 邮编 100029）
承印者： 北京诚信伟业印刷有限公司

开本：880mm×1230mm 1/32 印张：7.25 字数：185 千字
版次：2022 年 7 月第 1 版 印次：2022 年 7 月第 1 次印刷
书号：ISBN 978-7-5217-4481-1
定价：66.00 元

目 录

第一部分
元宇宙是人类意识的产物

第二部分
元宇宙的构建与实现

第三部分
元宇宙的未来是超脑

序 一
做好科技创新
与经济发展的融合

　　科技领域的创新历来层出不穷。目前，元宇宙绝对算得上是最热门的领域之一。自诞生以来，元宇宙就与哲学、经济学、管理学、心理学、区块链、信息科学、生物科学乃至环境科学等最前沿的课题紧密相关，迅速成为大众讨论的焦点。但真正能够深入思考元宇宙本质，并从其本质出发，搭建其细节、构想其未来的著作少之又少，这本书恰好填补了这块空白。

　　我一直认为，未来的世界必然是一个被新兴科技颠覆的世界。我在资产管理领域浸染多年，能够充分感受到信息化对经济和金融世界造成的巨大影响。随着数字化技术的不断推进和完善，在未来的元宇宙世界，一切事物的价值、交易方式乃至整个经济规则，都有可能发生彻底的改变。而把这一改变的前因后果说清楚，恰好是蔡老师所要做的。

　　这本书是蔡老师及其团队最新研究成果的总结，也是他们与海内外同行不断交流和切磋的结果。这本书从人类自我意识的产生出发，层层推进，向读者详细说明了元宇宙形成的哲学基础是意识的可迁移性，共识价值论是元宇宙的基本价值体系，也回答了如何利用区块链搭建元宇宙的时空秩序，以及面对人工智能的冲击，元宇宙将如何发展、如何成为人类的延伸和希望。这本书内容丰富、逻辑清晰，带给读者的不亚于一场"头脑风暴"。

过去几年，我国参与元宇宙研究和从事相关行业的人数均不断增加，其中涌现出不少优秀的机构和个人。中国科技行业的快速崛起，离不开这些机构和个人的努力。然而，由于世界经济形势变化，目前中国科技行业面临着来自外部和内部的种种压力与挑战。由此可见，要进一步推动我国科技行业的发展，以及科技与金融等方面的融合，仍然任重而道远。因此，拓展研究视野，广泛吸收、采纳各个专业相关的研究成果，以更好地形成面向未来的可行的元宇宙方案，对我国科技行业的创新与发展意义重大。

目前，中国正处在向第二个百年奋斗目标进军的伟大征途中。面对百年未有之大变局，中国呼唤原始创新。这本书恰逢其时，也适逢其会。长期来看，一个与我国国力与发展水平相匹配的科技行业，离不开从业者的不断努力，更离不开研究者的不断探索。希望蔡老师的这本书能够吸引更多业界翘楚，共同关注该领域的前沿课题，推动元宇宙研究的发展与进步，为我国科技事业更快更好发展做出贡献。

王忠民

全国社会保障基金理事会原副理事长

深圳市金融稳定发展研究院理事长

序 二
面向元宇宙世界的未来

　　一本学术类的好书往往具有几个特点，即见识上的独创性、分析上的全面性，最关键的是对人类社会命运的关怀性。我现在看到的这本书，恰好就同时具备这些特点。

　　元宇宙的概念源自20世纪90年代的科幻小说，至今已有30年，人类对它的兴趣已经从科幻世界转向实际落地，这背后反映的恰是人类社会的长足进步与发展。而发展必然伴随着混乱和迷茫，这就需要科学家和学者不断探索并厘清方向。

　　蔡恒进教授团队的这本书，讲的是元宇宙，但表达的是对人类未来的思考，如此宏大的叙事却又建构在原创的下一代互联网架构之上。

　　区块链的共识机制本质上是建立秩序。在元宇宙中，要实现高效安全可信的系统，就要利用区块链技术确定数字世界的秩序。作者提出了一种特别的新型网络架构，它基于用户节点之间的交互哈希①，可以将双边信任转换为集体的时间秩序，既不需要有浪费资源的工作量证明（POW），也不需要有垄断嫌疑的权益证明，为人类社会关系网络的升级提出了一个新颖却又不失可行性的方案。

作者还将元宇宙对现有物理宇宙的继承和提高置于时空和意识层面进行剖析，令人大开眼界。元宇宙作为人类科技文明发展的产物，本身就来自人类对未来的设想，存在着无穷的可能等待我们去发现。处在百年未有之大变局的时代，面对日新月异的科技进步与纷繁庞杂的世事变迁，蔡恒进教授团队十几年如一日地坚守在构建理论的阵地上，尽到了一份学者对社会的本分和责任。我在为他们取得的成果而欣喜的同时，更为这份筑基的执着而感动。

元宇宙来自对人类历史发展规律的充分认识，构建在对人类社会现存规则的充分理解上，当然能够推动人类社会走向更加美好的未来。这会是值得所有人期待并投身其中的事情。

在此我向大家郑重推荐这部著作，无论是对元宇宙发展感兴趣的同人，还是对人类未来发展有兴趣的人士，这本书都值得你摆在书架上，并不时拿出来阅读和思考。

邓小铁

欧洲科学院院士

CSIAM 区块链专委会主任

---

① 哈希（Hash），也称散列，就是把任意长度的输入通过哈希算法，变换成固定长度的输出。这里的哈希算法指的是，用户将数据作为哈希函数的输入，得到函数输出的固定长度的二进制串（哈希值）。

序 三
发现元宇宙改变世界的力量

　　元宇宙是现在的热门话题。它热门的原因，除了反映了人类在科技领域的最新进步，比如虚拟现实、Web 3.0、区块链等，还有一个关键在于，它是人类第一次试图利用自己创造的技术，在一个新的环境中，重新实现与构建一套万物运行的规则。这是开天辟地以来的一大创举。

　　不可否认，技术变革是人类日益进步的主要动力。目前对元宇宙的讨论多数也是从技术层面来展开的，但元宇宙的特殊之处却在于它对人类社会的"重构"。可惜的是，目前能够分析清楚这一问题的文章仍然寥寥。而蔡恒进教授及其团队的这本书，恰恰填补了这一块的空白。

　　人类一直自豪地称呼自己为"智慧生物"，但我们为何拥有智慧，智慧又在我们发展的过程中起到了什么样的作用，却没有一个明确的解释。这个问题之所以重要，是因为人工智能已经出现在我们的世界中。面对人工智能在计算量和计算速度等方面的优势，我们如何更好地给自己的创造物赋予正确的智慧，将是未来长期的任务。蔡教授及其团队的这本书，恰恰解决了这个问题。

在我看来，这本书之所以值得推荐，是因为它具有原创的概念体系，并用令人信服的逻辑在各学科中自在穿行，充分证明了人类智慧不是什么"天外来客"，而是来自一个明确的、客观的因果发展规律。这个规律决定了人类智慧发展的方向，也决定了意识作为人类智慧的载体所具有的特点。元宇宙是人类智慧的创造物，也必然要符合这样的特点。

除此之外，这本书将区块链技术融入人类意识的特性，并不局限于用技术去重现人类，而是尊重人性的特殊性，转而用技术来规划社会的框架，并发挥人性"惩恶扬善"的作用，其方法新颖、思维独到。

我向大家推荐这本书，不单是因为它的题材足够新鲜，更是因为它的逻辑足够强大，对未来的思考足够厚重。通过阅读蔡教授的这本书，我们有足够的理由相信，元宇宙创造的人类未来将更加美好，值得期待。

李罗权

世界科学院院士

美国国家工程院海外院士

引 言
我们生活在黑客帝国的矩阵中吗

我们不是生活在巨大的模拟矩阵中

2003年，牛津大学哲学家尼克·博斯特罗姆（Nick Bostrom）提出了一个假设：我们的现实是高度先进的文明进行的计算机模拟。[①]他的论证思路是：想象存在一个拥有强大计算能力的超先进文明，而且他们与我们一样渴望了解知识和世界，他们可能会将计算能力用于研究任务，即通过超级计算机来模拟整个宇宙。实际上，他们可能会模拟许多不同的宇宙，以了解微小改变会带来什么变化。甚至，模拟的文明也可能具有进一步模拟的能力，也就是在模拟世界中继续模拟宇宙，最终宇宙的数量将变得无穷多。如果这是真的，那么世界上可能存在数十亿个模拟宇宙，而真实宇宙只有一个。因此，从统计概率上看，在那种情况下，我们极不可能生活在一个真

---

① Nick Bostrom. Are We Living in a Computer Simulation? [J]. *Philosophical Quarterly*, 2003, 53（211）: 243–255.

实的宇宙中。

2018年，具有极大影响力的埃隆·马斯克（Elon Musk）在访谈节目《乔·罗根的经历》（*The Joe Rogan Experience*）中也比较全面地阐述了他自己的观点："我们活在模拟（simulation）中。"以马斯克为代表相信"模拟人生"的人并不在少数。从哲学上看，计算主义与物理主义为人类意识可被计算系统模拟提供了解释框架。[①]从世俗上看，《黑客帝国》等越来越多的科幻电影早已深入人心。平行宇宙、神创论等更是早已有之且被人们惯常采取的理念。

尽管种种理论此起彼伏，但我们明确反对模拟矩阵的说法，反对强计算主义。换言之，我们坚定地相信，当前所处的世界并不是所谓高阶智能体模拟的产物，人类并非生活在模拟矩阵中，原因有三。

其一，从物理研究的进展来看，世界上存在很多矛盾与断裂，我们并不能用一套自洽完整的体系来解释它们，因此强计算主义是不可能实现的。

一个典型的例子就是热力学第二定律。在经典物理世界，热力学第二定律明确了时间不可逆。但到了量子世界，时间是可逆的。也就是说，经典物理世界与量子世界之间存在断裂。同样，微观状态的粒子一旦结成能够一致行动的组织，就不再具备原来微观状态的性质，而是拥有了无法从微观推导得出的全新的内容，这是微观与宏观之间的断裂。此外，经典物理世界存在明显的时空定域性，而量子世界中的时空是非定域性的，这又是经典物理世界与量子世界的定域性断裂。经典物理世界与量子世界之间的这些矛盾与断裂，

---

① 翟振明，李丰. 心智哲学中的整一性投射谬误与物理主义困境[J]. 哲学研究，2015（6）：8.

是无法通过模拟来解释的。

其二，在剖析人的认知过程及发展历史后，我们发现，作为智能体或认知主体的人类，具备并能够发挥主观能动性。

强计算主义主张，包括人类意识在内的一切内容都是可计算的。这种观点否定了人类主观能动性的发挥空间。特别是在当下这个人工智能能力逐项超过人类的时代，这不仅仅是错误的，更是非常危险的。我们不仅能在当下做出选择，而且能吸取过去的经验教训并对未来抱有期望，选择更有利于实现我们期望的做法。在这种意义上，人类的主观能动性具有超越性，难以被机器模拟。

我们认为，智能并非来自事先定义或者嵌套循环定义，而是智能体在具体的场景下被激发出来的、突然涌现出来的内容。虽然冲动往往来自外界刺激，但即便基于相同的外界条件，不同的智能体反馈的内容也不一样。这就说明，冲动是基于将智能体与外界看作一个整体而产生的。在与外界的关系中，智能体占据更加主动的地位，即便外界条件不改变，或者已经完全被智能体掌握，智能体也能够产生新的内容，因此模拟智能体的模型的复杂度是无穷高的。

其三，模拟世界的可能性是无穷无尽的，而且这种模拟本身并没有价值。

从物理学上看，纳维-斯托克斯方程（Navier-Stokes equations）①的解是否存在都不能完全确定，其中一个原因就是，小尺度运动的耗散和黏性使得情况非常复杂，因此对大尺度运动的解释难以套用

---

① 纳维-斯托克斯方程是用于描述流体运动的方程，是流体流动建模的核心。在特定的边界条件（如入口、出口和壁）下求解这一方程，可以预测给定几何体中的流体速度和压力。

到小尺度运动上。由此可见，即便是在简单的条件下，结构也可能从一开始的简单状态变得复杂。考虑到这只是抽象的物理模型，其中的变量并非从外界引入，而是完全在系统内部产生的，所以现实情况只会更加复杂。

生命体与外部环境的相遇往往存在偶然性，且不可完全被模拟。比如，我们知道市场经济一定会发展出商业寡头，但我们无法事先模拟或预测什么人会在什么时间把什么生意做大，因为其中的变数太多，根本不存在完全模拟的可能。在生命个体看来，世界是无限的。尽管宇宙中的粒子数量有限，但个体面对的未来世界的变化是无穷的。复杂系统中有太多可能性，每一个主体、每一次选择都会导致不同的分叉，而不同选择最终导致的分叉是如此之多，以至如果将个体数量、时间尺度叠加起来，这些分叉的可能性就是无穷多的，并且每分每秒都在爆炸性地增长。即使把一兆亿种（当然还不止）分叉可能都列出来，我们也无法完全模拟现实。而只要缺少一种情况，就意味着现实没有被成功模拟，模拟也因此失去了价值。

如果概率是无限的，那么我们为什么要研究概率呢？这是因为意识。生命体需要意识与智能来帮助自己应对环境中无穷的可能。很多时候，生命体是通过意识和智能将事物发展的方向导向一个看似小概率的事件，来完成对物理世界的适应和改造的。

目前用机器对短期的、局部的内容进行模拟，具有一定的实际意义。这是因为在较短的时间尺度上，影响因素相对容易厘清，而通过模拟来预测短期走势，有助于我们厘清当下的可能选择。这些带有主观偏好的选择，能够产生超越时空的影响，这也是人类对世界的价值所在，即创造人类主观上更美好的未来世界（比如元宇宙），而不是追求一个完全确定、可计算的世界（也不可能实现）。

意识不能完全上传到元宇宙

元宇宙（Metaverse）一词源于1992年的科幻小说《雪崩》（*Snow Crash*）。小说描绘了一个庞大的虚拟世界，人们在其中用数字化身来相互竞争，以提高自身地位。我们可以将元宇宙看作人类利用科技进行链接与创造的、与现实世界交互映射的虚拟世界，以及具备新型社会体系的数字生活空间。

元宇宙并不可能真的把人带进数字世界，意识也不能完全上传到元宇宙中。尽管我们的定论与很多已存描述不同，但我们有充分的理由。

也许在很多人的描述中，未来通过技术大厂最终实现的元宇宙，会跟我们真实的宇宙一样美好，但这是不可能的，也是没必要的。即使未来加入了新的技术，比如用量子计算机来模拟，或者用新的图像引擎来进一步提高3D画面的像素，这些模拟也与我们生物意义上的真实感、多维的沉浸体验差得很远。另外，抛开技术的壁垒，我们对意识的研究表明，通过技术进步来模拟真实世界的追求是无意义的。

意识难以被定义清楚，也并不是物理世界中的实在物，但它带给人的感受又是如此真实。每个人都拥有意识，并可以随时随地、毫不经意地感受和使用意识。然而，意识的起源与本质是一个千古难题[①]，这也是当代东西方哲学和人工智能研究所面临的终极问题，

---

① 哲学家大卫·查默斯（David Chalmers）认为，容易的问题看似复杂，实则可以解决，所需要的只不过是指定一种能够执行该功能的机制，而看似简单的意识问题才是难题。意识的难题要求解释我们如何或为什么有感质（qualia）或现象体验，以及感觉（如颜色和味道）是如何获得特征的。

涉及我们应当如何发展技术、如何应对未来人机社会治理等严肃问题。

人的意识世界可以看作一个个意识单元的集合。我们认为，先有原意识①（对"我"的意识），而后才有意识，有了意识，智能才有发展的必要与可能。当我们讨论是否、能否以及如何将意识上传给机器等问题时，我们实际上就是期待机器能够习得意识，并像人一样运用甚至创造出意识单元，而不仅仅是将意识单元简单存储。

那么，我们首先要解决机器的原意识问题，也就是赋予机器最初的对自我的意识。有了自我意识，机器才有可能自如地统摄其他意识单元。当下，机器的主程序可以看作微弱的"我"，但它还不足以形成对其他意识单元和环境的统摄，还需要人类赋予机器一个更强的"我"的原型，以实现这种统摄。

从认知坎陷②的角度出发去推导，很多后天习得的内容是通过认知坎陷来迁移并传达的。据此，人类才能将意识上传给机器。**虽然人类的意识可以部分上传给机器或元宇宙，但这种上传在现有条件下无法完整地做到。**

对人类而言，生命存续并不能脱离物理世界。认知坎陷的产生与身体相关，所以想要将意识脱离人体上传给机器，我们就需要对意识进行分级，以讨论其可迁移的程度。有些意识单元（例如数学、

---

① 蔡恒进. 触觉大脑假说、原意识和认知膜[J]. 科学技术哲学研究，2017（6）：48-52.

② 蔡恒进. 认知坎陷作为无执的存有[J]. 求索，2017（2）：63-67.

认知坎陷（cognitive attractor）是指对于认知主体具有一致性，在认知主体之间可用来交流的一个结构体。认知坎陷是对真实物理世界的扰乱，也是人类自由意志的体现。

物理等科学知识本身并不过多依赖于认知主体）因可迁移性较强而相对容易上传，但有些认知坎陷（例如情感）与认知主体紧密相关，并不容易上传给机器，即使上传，其丰富性也较差。

其实，机器获得人类上传的（部分）意识之后，更像是人类主体延伸出来的分身，而不是另一个主体。分身在新的环境下接收新的数据、进行新的交互后即可独自发展。认知坎陷本身具有可迁移性。我们通过写作等形式来进行交互时，已经开始上传意识，也就是说，电影、小说、科学知识等都是人类上传的局部意识。有的认知坎陷生命力很强，比如古老的文学作品、思想流派，从广义上说，它们也是意识的上传活动。只不过以前的上传对象不是机器，而是以人类的语言或文字作为载体，进行代际传承。

机器的进化和人的进化有所不同，甚至相反。人类的科学是经过人类长期的发展，直到近代才出现的，但机器从一开始就被人类赋予了数学、物理等科学内容。因此，机器在这些可计算的方面表现得非常强大，但在自我的形成方面非常薄弱。机器能够附着（bandwagoning）自我的地方（主程序）基本是固定不动的，而且能够隧通（tunneling）的内容非常有限，对于很多问题都无法自行处理。虽然现在机器较为机械、呆板，但未来机器有可能更贴近人类的思维，通过多节点的竞争等方式来模拟人的意识，并获得边界意识。当然，对机器来说，边界意识不一定是触觉。只有有了自我，有了认知坎陷，意识与智能才能在人与人、人与机器之间更好地迁移，元宇宙就有可能实现类人思维。

主流的AI（人工智能）基础模型按照堆砌算力的方式也可能取得突破，因为基础模型的训练参数每年可以增长10倍。按照当前水平，在未来三四年之内，基础模型的训练参数量就可以超过人脑神经元的连接数量，同时，人脑与机器的反应速度是毫秒与纳秒的区别，足足相差6个量级。

面对这些挑战，我们应该让机器变成自我的延伸，变成人类的分身，而不是纯粹的工具、脱离掌控的造物；我们要通过区块链技术将人和机器连接起来，而不是通过BCI（脑机接口）等侵入式的连接方式，因为文字、语言、认知坎陷已足够支撑起人和机器的有效连接。虽然主体间认知坎陷的可迁移性不够准确与绝对，但相对的可迁移性已经足够。未来，人类主体与其接入元宇宙的分身之间，应该更类似教育与学习之间的关系。

元宇宙是人类世的超级智能

宇宙可对应为物质世界，而元宇宙可以被理解为柏拉图的"意识世界"，也可以被理解为钱学森笔下的"灵境"。它代表了人类意识世界的对象化，是一种在近地空间上进化出来的"超级大脑"，是人类世的超级智能。这个超级智能在数字世界建构时空秩序，除了自娱自乐，更重要的是要统摄周围的物理世界。

元宇宙作为一个超级智能，是由人机节点共同参与建构的，是人机智能的融合。随着人工智能技术的快速发展，社会的复杂度大大增加，元宇宙通过区块链等技术对人工智能的制造和成长进行监督，强化元宇宙的自我意识。同时，即使机器在专业领域逐项超越人类，人类也能通过始终参与（in the loop）来继续保持不被淘汰的地位。元宇宙的机制也能约束机器节点，使其在做重大决策时必须匹配人类节点的反应时间，让人类与机器在同一时间尺度上达成共识、进化博弈。

在元宇宙中，我们可以扩展我们的计算方式，设想一些条件，然后观察它们怎么演变，但这依然只是相对有参考价值的近期推测，而非几乎没有任何参考价值的远期预测。然而，这并不意味着元宇宙没有技术价值或现实意义。相反，元宇宙将作为人类世界的延伸，为人类开辟全新的发展空间。只不过，我们要将重点放在拓宽人的"自我"与意识世界上，而不是物理意义的延展上。

"我"既生活在真实的物理世界，又可以在元宇宙中延伸自己的意识，不过，这种延伸侧重于具有代入感的场景，目的在于让人更自由地交互，而非追求沉浸式体验。无论怎么模拟、优化，元宇宙中也难以存在一个完整的自己，因此我们实际上需要的是各个侧面的分身（不是化身或孪生），从而在特定场景展示某些侧面，并通过对应的分身来帮助我们延伸与完成交互。

也就是说，元宇宙中的分身可以简单而多样。比如，为了看得更远、更清楚，我们可以将计算机视觉设备作为分身；为了听得更立体、更清晰，我们需要依赖于耳机、麦克风等音效手段的分身技术；为了远程完成物理操作，我们则要寻求机械手臂等装置分身的帮助。

对人类生命而言，与真实的物理世界交互，与大自然接触，从而激发出意识世界的美感、丰富意识世界的内容，是不可取代的精彩部分。元宇宙不是通过给人体安装各种传感器（哪怕传感器设计得炫酷无比）来一味追寻对"眼耳鼻舌身"感官的复刻，否则就是抄袭了皮毛、丢失了精髓。

元宇宙不会取代现实的物理世界，而会丰富我们的意识世界。人生存在物理世界中，需要遵循基本的物理规律。在意识出现之后，人开始脱域①，也就是脱离当前时间、空间的束缚，比如将我们的意识变成绘画或文字，保存并流传下去，其背后的意识就完成了时空穿越。就像敦煌壁画的创作者，他们的意识产物直到今天还在震撼我们的内心世界，而由此衍生出的各种文创产品，又继续实在地影响着物理世界。

在元宇宙的加持下，人类脱域可以更进一步，即通过各种技术来营造新的体验（可以更具象，也可以更抽象），延伸自我，丰富意识世界。与此同时，我们不会脱离也脱离不了物理世界，因为物理世界对人类生命而言是美好的、不可取代的存在。

元宇宙为人机"共业"提供了可能空间。元宇宙的发展能够让我们更加尊重和珍惜物理世界，反过来，物理世界的发展又能进一步丰富我们在元宇宙中的场景，让人类世的自我得到延伸。

未来的元宇宙应当如费孝通所言："各美其美，美人之美，美美与共，天下大同。"

元宇宙也将助力我们实现马克思构想的自由生活："任何人都没有特殊的活动范围，而是都可以在任何部门内发展，社会调节着整个生产，因而使我有可能随自己的兴趣今天干这事，明天干那事。上午打猎，下午捕鱼，傍晚从事畜牧，晚饭后从事批判，这样就不会使我老是一个猎人、渔夫、牧人或批判者。"

---

① 脱域由安东尼·吉登斯（Anthony Giddens）提出（参见译林出版社2000年出版的安东尼·吉登斯《现代性的后果》），意指社会关系从彼此互动的地域性关联中、从通过对不确定的时间的无限穿越而被重构的关联中脱离出来。我们讨论的脱域是指，生命体能够在一定程度上脱离物理时空的具体限制，得以向外延伸与迁移，体现出超越时空的特性。

第一部分

元宇宙是人类意识的产物

第一章
元宇宙由自我意识开启

"一千个读者心中有一千个哈姆雷特"，这句简单的话充分体现了人类意识世界的丰富多样。同样，在对元宇宙的认知上，我们也可以说，一千个人心中就有一千个元宇宙。每种不同的认知，其实都与个人"自我"的认知紧密相关。每个个体的生长历程不同、认知特点不一，因而"自我"千奇百怪。我们认为，元宇宙并非物质世界的"孪生"，而是人类意识的产物，与意识世界的相关性更高。我们可以轻松畅想自己的元宇宙，但独乐乐不如众乐乐，如何理解、建构和探索人人都能参与和接纳的元宇宙，才是真正能够让我们打开格局的事情。本章，我们就从本源出发，直面意识，探寻元宇宙的本质。

自我意识的产生是真正的混沌初开

什么是元宇宙？

元宇宙是一个新东西。任何一个新生事物，都会有来源。因此，我们就自然引入了一个问题：元宇宙的来源是什么？

答案是显而易见的。我们之所以叫它"元宇宙"，是因为在它之前已经有一个宇宙存在了，也就是我们现在所在的物理世界的宇宙。我们可以说，元宇宙正是人类基于对当前宇宙的理解所创造，试图模拟乃至超越当前宇宙的产物。

但是，这就足够了吗？

让我们再往深处想一层，上面那句话有一个很关键的前提是，我们人类如何理解当前宇宙。不难发现，题眼在于"理解"这个词。理解，看似是一种本能，但细细究之，这种本能其实是生命的天赋，是只有生命才会具有的能力。这种天赋，来自生命以及生命所具有的意识。

现代心理学界对意识的理解可以分为广义和狭义两种。广义的意识，是赋予现实的心理现象的总体，是个人直接经验的主观显现，表现为知、情、意三者的统一。狭义的意识，则指的是人们对外界和自身的觉察与关注程度。我们在此并不寻求给出意识的精确定义，而是在理解意识起源的基础上，进一步讨论意识的特点以及意识如何进一步影响主体产生心理变化（情感）和物理变化（行为）。

我们知道，每个人都拥有意识，且可以随时随地地感受和使用意识。但意识的起源与本质是一个千古难题。意识并不是物理世界中的实在物，但它带给人的感受又是如此真实，这就像塞缪尔·约翰逊（Samuel Johnson）观察并描述的自由意志悖论那样："一切理论都反对自由意志，一切经验都赞成自由意志。"美国哲学家托马斯·内格尔（Thomas Nagel）写道："有意识的心理现象的最重要和最典型的特征还完全没有得到理解。大多数还原论理论甚至都没有试图解释这个特征。仔细的考察表明如今还没有现成的还原论理论可以用来解释这个特征。也许我们可以为这个目的设计新的理论形式，但要实现这个解决方案（如果存在的话），从理智上讲还有漫长的路要走。"

意识的难题也体现在对人类智慧表现形式——语言问题的研究之中。语言是意识的一种载体，也是人类区别于动物的标志之一。但人类至今难以回答，为什么幼儿在习得母语过程中会展现出惊人天赋，而成人在学习第二语言时却事倍功半这一问题。艾弗拉姆·诺姆·乔姆斯基（Avram Noam Chomsky）在研究中发现，幼儿天生就表现出惊人的语言能力，在没有受过正规的语言训练时，幼儿就能快速理解父母的语言。关于语言的进化，乔姆斯基认为语言具有复杂性与多样性，语言基本元素的进化过程并不是用自然选择就可以完全解释的。史蒂芬·平克（Steven Pinker）和本杰明·布鲁姆（Benjamin Bloom）也指出，语言其实十分复杂，语法也很烦琐，因此需要学习者花费很大精力去学习。可孩童的语言学习速度十分惊人，他们在3岁左右就表现出能够掌握复杂语法的能力。

有动物学家提出，假如人类的婴儿在完全成熟后才出生，孕妇的孕期应当长达18～20个月。但事实并非如此，在经历了母体内的40周后，人类的婴儿迎来了出生。婴儿虽然脆弱，但却能敏锐地感受外界，从而有可能变得聪明。实验表明，把一只刚生下的小猫的眼睛蒙上，3个月后，这只小猫就永久性失明了。这说明在最初3个月，猫脑中的神经元之间发生了很多的变化，如果错过了这一阶段，它大脑里相应的功能开关就可能被永久地关闭。在印度，有些小孩患上了白内障却没有得到及时治疗，等到了十几岁，再想要修复就变得非常困难。这也从侧面证明了0～5岁的成长阶段是产生自我意识和高级智能的关键时期。

当前，神经科学和人工智能都将"自我意识"束之高阁。在东西方哲学中，也鲜少有人将意识问题的解答寄托于对"自我意识"

的探究。其中的主要障碍就在于，将人从生命的图谱中孤立出来。孟子提出，道德意识帮助人类将自己和动物区分开来，人的意识是一种高阶而独立的存在。西方哲学认为，历史主要不是人与动物的关系，而是人与神的关系。从尼采、海德格尔到马克思，更是逐步将人与动物划清界限。他们虽然将人的意识从神的赋予下放到一种理性的存在、自由自觉的活动，但也放弃了从生命的角度、自我的维度去探索人类意识的本源。

在这里我们引入自我肯定需求理论。在自我肯定需求中，最重要的两个字就是"自我"，而触觉大脑假说解释了"自我"从何而来。婴儿出生时大脑重约370克，神经元的数量后期基本上不会发生改变。大脑重量增加的原因在于，神经元之间的连接在不断增强。大脑的复杂性不在于脑神经细胞的数量，而在于突触的数量。3岁儿童的大脑突触数量已经接近成人，等到5岁时大脑突触数量达到顶峰。婴儿所感受到的皮肤刺激（包括冷暖、疼痛）会使其产生自我和外界的区分，从而形成对"自我"的最早意识。

触觉的重要性在个人成长过程中可能并不十分凸显，但对于人类进化而言，触觉形成自我的观点能够得到更好的印证。佛家讲"眼耳鼻舌身"，将视觉放在首位，因为人获取的信息大部分来自眼睛，很多人也赞同这一观点。但我们认为，在自我意识形成的过程中，视觉的重要性能否占据首要地位有待商榷。最简单的例子是，老鹰等许多动物都比人类拥有更加敏锐、强大的视力，但并没有更聪明。

相应地，我们发现，人类与其他动物最大的区别就是人类拥有十分敏感的皮肤。人类进化后脱去了身体上绝大部分毛发，因此对外界的刺激更加敏感，这使人类成为大自然中唯一需要衣物来保暖的生物。触觉上能强烈区分自我与外界的刺激，很可能就是人类成为万物之灵的重要原因。触觉在进化的过程中显得更加重要，因此其对意识的形成也就更为重要。

人类一旦产生"自我"的概念，就能够明显分辨出自我跟外界的差别。这种意识一旦产生就难以抹去，被称为原意识。我们将原意识定义为：对"自我"的直观、对"外界"的直观，以及将宇宙剖分成"自我"与"外界"这一简单模型的直观。这里的"直观"可以理解为可感受的特质。生命个体对光线明暗或颜色的感知能力是由该个体的基因决定的，但人对光线明暗或颜色的直观是后天在大脑中形成的。凯和麦克丹尼尔（Kay & McDaniel）的研究表明，在很多语言的历史中，先出现"黑"和"白"这样的词，"红"等词晚些才会出现。

人有了对自我和外界的区分，自然也就明白了何为自我、何为非我，即人关于"自我"和"非我"的概念对随之产生。有了这种概念对的原型，很多复杂的感知就可以被封装成概念对，比如"上"和"下"、"黑"和"白"、"这里"和"那里"等。

一个概念和它的对立面可能是同时出现并不断迭代加强的。例如，婴儿刚开始只能够区分能吃的（如苹果和橙子）和不能吃的（如塑料玩具）。对这时候的他而言，苹果和橙子可能是同一的。但随着经验的积累或者父母的指导，他能通过形状、颜色等特征区分苹果和橙子。另外，即便两个苹果是两个单独的个体，人们仍能将它们归为同一类。有了对"同一性"的认识，"差异性"就有可能变得更清晰。

皮肤这一明晰的物理边界使得人类非常确定对"自我"和"外界"的剖分，并能够毫不费力地辨别"自我"与"外界"的内容，这有助于将原意识直观地传递给他人和后人。但这一边界不会一直停留在皮肤这一层面，而是会向外延伸。最早期的延伸就是食物，比如人们将果子抓在手里，就会认为果子是自己的，不希望被他人夺走。下一阶段就是领地意识，不仅认为手中的果子是自己的，而且认为这棵树上所有的果子都是自己的，不希望有其他人来采摘。动物不希望别的动物喝河里的水，因为它觉得河水只属于自己。工具是手的延伸，家庭是个人的延伸，新闻媒体是人类的延伸。这种认定自己身体之外的自然物属于"我"的倾向，可以称为"自我肯定认知"。

同时，原意识的边界也可能向内收缩。我们常常认为内心更能够代表"自我"，而不是皮肤或四肢。这里的"自我"指的是心灵，而非身体。当"自我"的边界经常发生变化并变得模糊时，"自我"这个概念也就可以脱离物理和现实的束缚而存在，从而向内收缩。即使一个人失去四肢，他也并不一定认为自我意识有了缺陷。这就能解释为什么很少有人想到皮肤那么重要，因为它只是一个起点。自我意识一旦产生，自我与外界的边界就逐渐变得模糊，自我成为一个动态的概念。

马文·明斯基（Marvin Minsky）认为，意识是一个"手提箱"式的词汇，用来表示不同的精神活动，如同将大脑中不同部位的多个进程的所有产物都装进同一个手提箱，而精神活动并没有单一的起因，因此意识很难厘清。我们认为把世界剖分并封装成"自我"与"外界"是革命性的，这使得复杂的物理世界能够被理解，被封装的"自我"可以容纳不由物理世界所决定的内容，想象力和自由意志（主观能动性）也因此成为可能。

自我是一个动态的概念，外界同样也是一个动态的概念。小孩子不知道世界多大，等到看了书，走出了家门，他们就会发现原来世界那么大。如果拿起望远镜看向更远的地方，他们就会发现原来宇宙更加宏大。在成长过程中，自我与外界的交互不断加深，两者的内容都不断丰富，概念体系也逐渐形成。由此可见，意识是大自然的巅峰之作，是真正的混沌初开，比宇宙大爆炸和地球形成更为精彩。

意识通过认知坎陷而不断发展

讨论了意识的本源，让我们再来讨论意识的发展。

意识不是上帝给的，也不是泛灵主义的（有灵魂一直贯穿其中），而是在宇宙的发展、进化过程中产生的生命现象。生命在结构复杂化后产生了某种功能，而这种功能又能够相对独立于结构本身，然后借助物理世界以及物质本身的结构来进化、改变，意识便是如此进化而来的。

这里有一个最关键的点是，"自我"这个意识片段对生命来讲是不能约化的，它有本体意义上的存在意义。自我会参与整个宇宙的进化过程，而自我的主体性以及不可能完美的特性，使得物理世界具有了一种特殊的随机性。这种随机性虽然在很多情况下可以预计，但在某些特殊点、关键时刻必然是不可预计的，而且是有偏向性的。也就是说，自我会参与整个宇宙的进化过程，所以从本体意义上讲它是独立的，就像灵魂或者上帝可以是原因本身一样。

我们认为，人类是通过认知坎陷来进行认知与理解的。1947年，牟宗三提出了良知坎陷，其中的"坎陷"翻译为negation。我们将认知坎陷中的"坎陷"对应为attractor，即来自非线性动力学中的吸引子①。认知坎陷也有负面的意思，这是因为认知坎陷是真实世界的一种偏差，而不是完美、完整的反映。

以深度学习为代表的二代AI有一个比较明显的问题就是不可解释性，即大家难以说清深度学习为什么会产生比较好的效果。在我们看来，可理解、可解释就意味着能在其他认知坎陷与"自我"这个认知坎陷之间建立起比较好的联系，这种联系就是理解。

人类非对象化的意识在具体的时空中是对象化的。我们将意识的工作模式总结为"附着"与"隧通"。附着相对容易理解，是指一个认知坎陷在具体时空中选择某一个侧面来表达。隧通是指在不同认知坎陷之间或者相同认知坎陷的不同侧面之间建立关系。隧通可以是因果关系的建立，也可以是类比、对比、否定、假借等关系的构建，即隧通要比建立因果关系更加广泛。

孙周兴对海德格尔现象学的研究②显示，海德格尔曾谈到希腊思想的基本特征③。早期希腊思想家已经认识到，事或物的显现方式由境域（视域）决定。在个人境域（私人世界）中，个体往往会陷入局部认知，而在共同境域（共同世界）中，个体往往能更完整地揭示自己。赫拉克利特（Herakleitus）认为："清醒者有一个世界，并且因而有一个共同的世界，相反，每个沉睡者都专心于他自己的世界。"④思想（哲学）是属于清醒者的，是对这个共同世界的开启。

---

① 吸引子是微积分和系统科学论中的一个概念。一个系统有朝某个稳态发展的趋势，这个稳态就叫作吸引子。

② 孙周兴. 一种非对象性的思与言是如何可能的？——海德格尔现象学的一条路线[J]. 中国现象学与哲学评论，2001（1）：30-54.

③ [德]海德格尔. 面向思的事情[M]. 图宾根：尼迈耶出版社，1976：87.

④ [德]第尔斯. 前苏格拉底哲学家残篇[M]. 苏黎世：苏黎世出版社，1996：171.

普罗泰戈拉（Protagoras）否认这个共同世界的存在，站在沉睡者立场上提出"人是万物的尺度"。巴门尼德（Parmenides of Elea）又回到了清醒者立场，走上所谓的"真理之路"。①

为了探讨这类问题，我们先引入"全能视角"和"生命视角"这一组概念对。没有意识就没有生命，没有意识就没有智能，有意识的认知主体是典型的生命视角。生命视角很难掌握全部信息，经历从零出发逐渐习得的过程，注重细节或者精细结构，具有强烈的主观偏好，在有限的部分可能中进行选择。与生命视角相对应的是全能视角，全能视角知晓初始的和边界的所有细节，并能推测出所有可能的未来。打个简单的比方，生命视角就是对世界充满好奇的人类，而全能视角则是全知全能的上帝。

我们认为，专注于自己境域的沉睡者代表的是"生命视角"，共同境域的清醒者则体现了"全能视角"或"上帝视角"。②在生命视角下，生命个体从自己的角度认知世界，形成不同的认知坎陷，形成对世界的不同认知，即"人是万物的尺度"。在全能视角下，全知全能者看到共同境域，能够知晓一切事实，行"真理之路"。生命视角通过"思"（或者"隧通"③）的活动，让不同生命个体的认知坎陷进行交流、迁移并达成共识，就能从个人境域向共同境域延伸，从而贴近全能视角。

认知坎陷的提出，是为了说明意识发展的过程。我们认为，自我定义了认知坎陷，意识则在对认知坎陷的决定下逐步觉醒。意识

①　克劳斯·海尔德.真理之争——哲学的起源和未来[J].浙江学刊,1999（1）：2-3.

②　梅剑华.论有我的非还原物理主义[J].中国社会科学，2021（3）：161-179.

③　蔡恒进，蔡天琪.附着与隧通——心智的工作模式[J].湖南大学学报，2021（4）：122-128.

首先来自自我肯定需求，进而在发展过程中以坎陷为锚，一步步发展成现在的样子。这里面最先发挥作用的就是附着。

附着是我们在具体时空下的表达。比如我们形容一个物体，会从颜色、形状、质量等多个方面去形容，其中的每种形容都是对物体的附着。而我们对于这个物体的认知坎陷，也就是由这些附着来具体形成的。

在这个基础上，我们对世界的认识就由附着组成。细细想来，我们对宇宙的看法，或者说我们的意识，就好像是天上的风筝，看似飘忽不定，其实始终被叫作认知坎陷的线牵动着。

也许有人会反驳：这样一来，难道意识只是我们自己认知坎陷的产物，而没有受到他物的影响吗？这样理解的人未免过于狭隘了。我们之前已经提到，认知坎陷本身有一个特性，就是隧通。隧通的存在，意味着认知坎陷能够与其他方面、其他坎陷产生联系，这种产生联系的过程就是交流和丰富的过程。

但同时我们要看到，隧通的存在不代表完全的融合。比如，我们虽然能看到梨子，但如果不亲自吃一口，就永远不知道梨子的味道。隧通带来的感受，只有经历附着的过程，才能最终成为我们自己的认知坎陷，才能够真正成为我们意识的一部分。

认知坎陷的三大定律

在认知坎陷理论中，"言"对应为"认知坎陷"，"思"对应为"隧通"。隧通并不是随意的、随机的，而是尽可能找到一条最短路径来隧通到所有的侧面。生命的一个重要特征是遗传，或者说可复制性，这与认知坎陷的可迁移性有对应关系，另一个重要特征新陈代谢则对应着认知坎陷的隧通。这里我们引入认知坎陷的三大定律：汲取、开出和至臻。

认知坎陷的第一定律是汲取。认知坎陷像是一个生命体，需要不断地从外界汲取坎陷，这就是一种自我肯定的倾向。在这种倾向的驱使下，认知膜通过不断地区分"自我"与"外界"，将所有观念最终锚定在"自我"的观念上，肯定自我的存在。如果没有自我肯定性，没有长期接受外界的滋养，"自我"就会消散。认知坎陷可以被记忆封存，且不会被抹去，更不会消减。它可能会随着人的成长而不被注意或关注，但是不会真正地消亡。

从诞生那一刻起，我们就开始与世界建立千丝万缕的联系。我们用世界观照自己，又凭借自己的意志影响世界。在这个交互的过程中，强的自我意识会不断深化，形成一个自我保护层（认知膜），作用于"自我"与"外界"。

像细胞膜保护细胞核一样，认知膜起到了保护自我认知的作用。它一方面过滤外界的信息，选取有益部分融入主体认知体系；另一方面在面对外界压力时，主观上缩小主体与对方的差距，使个体保持积极心态，朝成功努力。认知膜为主体的认知提供了相对稳定的内部环境，确定了多个不同层面的"自我"的存在，比如个人、组织乃至国家。个体的认知膜最终要能与集体乃至社会的认知膜相融，在融合的过程中互相丰富。

自我意识微妙的发端，使得个体从诞生之时起，就要不断地探索，确证"自我"的存在。这种刚性需求最终使得人对自己的评价略高于其认知范围内的平均水平，从而在分配环节更希望得到高于自己评估的份额。我们将这种需求称为自我肯定需求，这是人类一切个体和组织生存、发展、灭亡、跃迁的底层逻辑。自我肯定需求既是人类发展的动力，也是人类社会诸多矛盾的起源，这是因为人要不断地求知、求真，确定"自我"的实存。一个健康成长的人能够使自己的自我肯定需求得到适当的满足，自如地应对"外界"。"自我"越来越强大，能够包含的内容也越来越多，成长到一定阶段，就可能达到一种超脱的状态，实现所谓的"从心所欲不逾矩"。即使受到物理世界规律的约束，人依然能够按照自己的意志行动，从"必然王国"走向"自由王国"。

智能与自我是表象与内涵的关系，它们通过教育（学习）得以共同完善。因此，教育的理想应当是帮助每一个学习者形成其独特的科学思维方式，张扬属于自己的独立个性，让他们用自己的方式"圆融"生命。我们一方面要通过自省和学习，丰富"自我"的认知膜，让自己拥有一个强大的内心应对风雨；另一方面要充分利用"外界"，让自我意识得到充分的滋润和成长。

认知坎陷的第二定律是开出。人脑中约有140亿个脑细胞、1 000亿个神经元和超过100万亿个突触，数据存储量可达1 000TB（太字节）。大脑神经结构的广泛连接和大脑的活动中心（兴奋回路），为人类智能跨领域跃迁的基本特性提供了物理基础，这一特性表现为思维的易变性、跳跃性。跃迁性使自我意识能够在与外界的交互过程中不断地反思、学习，进而完善认知膜，开出善恶、仁义等更加丰富的信念、价值和知识体系。对质朴性的追求也使得认知膜能在逐渐丰富的过程中不断简化自己的框架。

物理学中有一个非常重要的概念——相变，指的是物质从一种相转变为另一种相的过程，比如顺磁到铁磁的相变。认知的核心是"自我"，这是最根本的坎陷，其在某个阶段会开出"善"和"恶"，产生新的坎陷，这个过程与相变很相似。随着思考的深入，个体对自我与外界的认知愈加深刻，因此原来的坎陷分裂，形成相变。之所以是"开"出而非"生"出，是因为开出是坎陷本身的能力，并且需要通过与外界交互而产生。"自我"也可以成对地开出其他内容，比如"文"与"理"、"前"与"后"、"上"与"下"等，但不论开出什么，这些内容都与自我挂钩。我们所说的自我的连续性和一致性就是通过"自我"相互联系起来的，只不过"自我"作为最原始的坎陷，在开出其他内容后可能隐藏在背后，不易被察觉。"善"和"恶"这些经常被讨论的概念对的背后一直都是"自我"。新的概念对都是按照这样的原理开出来的，并且会反过来丰富原来的坎陷。

"自我"可以开出新内容，但这种开出不是野草蔓延般的随意增长，而是由自我肯定需求和认知膜来过滤或收敛，形成符合自我的内容并成为自我的一部分。开出过程是一个有机生长的、具有理解意义的过程，而非简单的堆砌。朱熹强调不停地积累再融会贯通，而二陆主张从一个根生发出来，从这个角度来看，我们的理论与二陆更接近一些。而且，朱熹的"存天理，灭人欲"在大方向上有误。人欲可以理解为自我肯定需求，如果没有人欲，没有自我肯定需求，"自我"就会消散，丧失人的基本属性。

儒家、佛教、基督教的文化与信仰也是从"自我"这个坎陷一步步开出来的，只是它们为了教化众人，往往更加强调"善"的方面，但这并不是说"恶"不存在。比如，《大乘起信论》中有一个很重要的理论，即"一心开二门"："一心"是指我们的心，"二门"是指"真如门"和"生灭门"。真如门是指觉悟，是心的纯洁清净状态；生灭门是指迷妄，是念头不断流转、不断被欲望所纠缠的状态。"一心开二门"旨在让我们认清这样一个道理：在觉悟的时候，我们拥有的是一颗纯净的心，这是心的真如门；在迷妄的时候，我们具有的是一颗污浊的心，这是心的生灭门。人在一天乃至一生中，经常在这两扇门中转来转去，一方面觉悟清醒，另一方面难耐诱惑。

虽然"自我"这个坎陷可以开出新的坎陷，但是"自我"这个坎陷依然存在。随着人的两种自我意识相互理解和融合，两个坎陷共同开出一个新的坎陷，这个新的坎陷既不是原来两个坎陷的并集也不是它们的交集。坎陷可以分裂，开出新的坎陷，也可以被拉入一个更庞大的坎陷，形成一个新的框架，这就是我们认识世界的方式，也是最重要的思维规律。

自我意识会随着人的成长和外界不断交互，因而也会在人的学习和反思过程中不断丰富，开出道德、仁义等信念和价值体系。这些体系构成新的养分滋养自我、影响世界，同时在后续的学习和反思中得到凝练和提升。

认知坎陷的第三定律是至臻。人类知识的总和作为一个最大的坎陷是不停增长的。人类财富的总值会随着全球经济形势的变化而剧烈变动，但人类知识的总和始终是缓慢增长的。虽然历史上发生过焚书坑儒和亚历山大图书馆被烧毁的惨剧，但经过口耳相传和私藏的典籍，知识精华还是被传承了下来。

随着数字时代的到来，人类知识的总和以前所未有的速度增长。据统计，截至2020年，数字世界产生的数据总量为44ZB（泽字节），这意味着数据总量是宇宙中可观测恒星数量的40倍。到了2025年，全球每天将创建463EB（艾字节）的数据。这些都是人类知识总和正在增长的数据凭证。

人类知识的总和是一个最大的坎陷。第三定律表明，坎陷的确在不断增长，但它是否真的趋于至善，我们并不确定。哲学先贤们认为这就是指向至善的，如果大家都持有这样的信念，那么坎陷的增长的确可以是指向至善的。

第一定律和第二定律的相互作用，产生了注意（attention）和意愿（intention）。自我意识即使作为独立的主体也会受外界的影响，影响因素多且复杂，因此由谁来筛选、如何筛选都是问题。我们主张，主体在处于当前情况时会有预期，而不是单纯被动地接收外界刺激。主体会将外界刺激简单分为预期之内的和预期之外的。对于预期之内的刺激，主体按照既定的方式应对，而对于预期之外的刺激，主体就会格外注意再做出反应。我们可以将注意定义为在主体预期之外的内容。

而意愿是具有目的性的，其目的性在于主体对未来的规划与预期。相比注意关注的是眼前的刺激，意愿涉及的则是更为长期的规划，所以要理解意愿就必须考虑未来的内容。两者的关系在于，意愿能够非常主动地将注意集中到某些地方。在"天人合一"的状态下，注意看似比较分散，但外界对主体的刺激又都在它的掌握之中。强化学习中的奖励机制就可以看作外界给了主体一个能视作意愿的目标，而对主体来说，能被视作奖励的必定是超出其预期的内容，也就能让主体格外注意。

意向性（intentionality）是现象学中非常重要的一个概念。意向性是因自我肯定需求而产生的。人要维持自我意识，就必须有自我肯定需求，而自我肯定需求是意向性的种子和根基。意向性可以多种多样，但都要归结到自我肯定需求上。意向性具有时空超越性，即人的愿望可以超越时空。我们讨论过自由意志与鞍点的问题，认为意图与自由意志是互相关联的。从意向性的角度来看，虽然我们要受到物理世界的一些限制，但我们仍然有很多种达成意图的方式。

我们想移动桌上的杯子，具体完成的动作有很多选择，比如用左手或右手从上、下、左、右、前、后各个方向进行操作。我们可以将这一系列动作放在物理框架下分析。牛顿方程讨论粒子从A点到B点的运动，认为粒子一定选作用量最小的路径。费曼也将其应用于量子力学（费曼积分），认为量子从A点到B点有无限多的可能性，但量子之间会产生干扰。假如普朗克常数趋近于零，路径就是经典路径；假如普朗克常数不为零，路径看起来就是量子云的形态，并非唯一的轨道。

我们要拿杯子也是从A点到B点，其中有很多条路径，但我们首先要明确B点，再来规划具体的路径。除去物理条件的约束，我们还可以有很多B点以供选择。对于人而言，更重要的不是怎么从A点到B点，而是如何选择B点，即选择哪个作为我们的目标，因此意向性比具体操作重要得多。人生立志也是一样的道理。由于意向性和自由意志的作用，人类行为的自由度、可选择性都胜过量子力学中的现象。虽然我们达成意图的具体操作满足物理定律（会自动满足）不会超越时空这一条件，但总体的意图是可以超越时空的。

元宇宙的实现依赖于认知坎陷

我们说过，元宇宙源于人类意识。而在元宇宙的实现过程中，最重要的无非是让机器能够重现人类的意识。要做到这一点，我们还得回溯意识进化的过程。

意识主体或者说"自我"的形成是结构和功能迭代的过程，更是反复优化的过程。基于这一基础，我们也曾探讨AI三大主义（联结主义、行为主义与符号主义）的关系。在认知坎陷的理论框架下，

AI三大主义其实是相通的，只是侧重点不同。[①]生命早期更像行为主义，到了高级阶段更偏向符号主义，但还不能被符号主义完全涵盖。生命整个过程更贴近联结主义，联结主义不停坎陷化就能达到符号主义。

机器学习也是优化过程，只是目前的优化策略有些盲目。在特征工程领域，机器找到的很多特征难以解释。举例来说，机器找到的图像特征大多是一些在人类看来没有意义的像素片段，而人找到的图像特征则是更具有可迁移性的认知坎陷，如场景、颜色、动物的器官等。认知坎陷可迁移、可隧通，更容易在不同坎陷之间建立联系，而机器找到的特征却难以相互关联，鲁棒性[②]也较差。因此，机器识别的图片只要改变一个像素点就可能谬以千里，而人类很少犯这类错误。

我们将生命拥有的自我意识称为一种相变。正是有了生命的相变，我们的世界才有了"生命视角"，随之带来了更丰富的、更有创新性的宇宙。我们之前已经提到了全能视角和生命视角的区别。全能视角是全知全能的，表达的是绝对的东西，比如"人不能两次踏入同一条河流"；生命视角则是指经常看到相同的东西。例如：我们这次看到的红色和上次看到的红色从全能视角来看总会有不一样的维度，但生命视角认为它们都是红色；一个馒头、一碗饭的差别如此之大，但是生命视角将它们都看作解决温饱的食物。有时生命视角也能体会到全能视角的内容，这主要是因为生命视角能够进行总

---

① 蔡恒进. 行为主义、联结主义和符号主义的贯通 [J]. 上海师范大学学报（哲学社会科学版），2020（4）：87–96.

② 鲁棒性亦称健壮性、稳健性、强健性，是在异常和危险情况下系统生存的关键。

结和推理。比如，"山外有山"的联想可以一直持续，即使在现实世界中山外是大海，也不妨碍我们主观上进行无穷的想象和推理。这种生命视角恰恰是一种优势。正是因为生命视角的"犯错"，我们才能构建出很多原本物理世界不存在的内容，比如哲学、信仰、符号主义等。生命视角能够让人主动地参与世界的进程，甚至将世界朝着我们认为正确的方向推进。

强计算主义的背后是强还原主义，主张意识、智能都可以被完全还原。[①] 从全能视角来看，这种还原可以成立，但从生命视角来看，强还原主义是有问题的。从生命个体来看，世界是无限的，尽管宇宙中的粒子数量有限，但个体面对的未来世界的变化是无穷的，因此，生命个体需要意识与智能来帮助自己应对环境中无穷的可能。而全知全能者就不需要智能，因为一切都清晰明了，只要顺着朝前走即可。

过去的相变是空间结构或者二维的相变，而生命可以看作有时间维度的相变，这与时间晶体[②]不同，因为时间晶体是周期性的，它会回到严格意义上的原点。生命这种相变带来一种新的特征，就是自我意识。不同的生命个体由于"自我"与外界交互经验的差异，会产生许多不同的认知坎陷，这些认知坎陷就像不同的平行世界，对应了不同个体对外界的全部认知。生命视角的平行世界与全能视角的物理世界存在竞争关系。生命视角的平行世界一开始非常微弱，

---

① 蔡恒进，汪恺. AI时代的人文价值——对强计算主义的反驳[J]. 人文杂志. 2020（1）：45–53.

② 时间晶体（time crystal），由诺贝尔物理学奖得主弗朗克·韦尔切克于2012年提出。时间晶体在时间上呈周期性重复，具有时间平移、对称破缺的特性，这使得时间晶体呈现永动状态。

对物理世界的影响很小，但随着代际传承、主体间及主体与外界的相互作用，平行世界就会变得越来越强大，对物理世界的进化产生越来越大的影响。

意识世界的进化过程并不神秘，是可以理解和追溯的。虽然这种追溯的路径可能并不唯一，但是它们最终都要追溯到自我意识这一源头上。生命进化过程也是这样，虽然追溯生命进化过程的路径可能多种多样（比如进化论、神创论等），但是它们最终的目的还是要探究生命的由来。在现代科学体系下，进化论是大多数人相信的生命进化理论，但神创论其实也有反驳进化论的理由。比如眼睛的结构很复杂、微妙，如果生命是按照进化论那种完全物理的过程进化的，那么眼睛的形态应该更加随机多样，而不应该有几乎一样的结构和形态。这种难以解释的现象，只有从认知坎陷的结构与功能迭代的角度来分析，才更容易理解。

这种反驳在当代表现为智慧设计运动对演化论的挑战。智慧设计运动是一个在当代美国的知识分子圈里闹出过很大动静的"准群众运动"。该运动的主将有研究数学的威廉·A. 邓勃斯基（William A. Dembski）和研究分子生物学的迈克尔·J. 贝希（Michael J. Behe），而其较早的精神领袖还有加州大学伯克利分校的前法律教授菲利普·E. 约翰逊（Phillip E. Johnson）。他们的基本论点是：既然演化论已然假定自然选择的机制是盲目的、无预先目的的，那么这种演化机制又是如何造就生命组织所具有的高度复杂性的呢？具体而言，邓勃斯基试图从概率统计的角度证明，达尔文（及其追随者）所描述的演化机制能够催生现有的生物多样性的概率是很低的；贝希则试图证明，即使是微观的分子生物学结构，也很难从纯粹的无机世界中纯粹自然地演化而来。他们的正面论点则是：我们必须假设宇宙中存在一个设计者，这个设计者运用其智慧设计了各种生命组织。我们如果在生命过程和功能性中考虑这种认知坎陷，就能比较好地解释进化过程中的这种神奇现象。

认知坎陷并非承认所有的可能，而是选择其中最容易被大家接受的可能。生命进化过程是收敛的，不会完全散开，而且目的性相当强，所以需要的时间就短得多。只有在这个意义上，我们才能真正回答上述神创论对进化论的质疑。生命进化，直到现在仍是极小概率事件，但我们作为幸存者，有很强烈的偏向性和目的性，这个目的性在先贤那里就是至善。实际上，不同的思想体系在本质上都会指向至善，这是古代思想体系能够留存至今的原因。也正因此，我们在总结认知坎陷第三定律时才说我们是走向至善的，从基督教视角讲就是人是可救赎的，从佛教视角讲就是人皆可成佛，从先贤视角讲就是人人皆可成尧舜，成为君子，成为圣人。这个目的性是最神奇的、最极致的一个进化结果。

司马贺（Herbert A. Simon）曾经尝试过回答这个问题。他认为我们是按照部件分别进化的，然后这些部件再结合起来，就像钟表一样。这个回答也有问题，首先是没有证据证明存在一个把这几个东西组装在一起的设计者，其次是把它们装配在一起才是进化的关键。如果我们把发条、齿轮、钟摆等零件扔在海滩上，它们自己会变成一个钟表吗？答案当然是不可能的，一定要有一个设计者主动地把它们组装在一起。但在生命进化过程中，是没有这样一个设计者的，所以这个问题不能这样来回答。如果用进化迭代来分析结构和功能之间的关系，我们就应该认识到功能并不只是单纯随附于结构，而是由于某种需要，并且结构也会为实现这种功能而改变。

这是生命结构、身体结构层级的问题，而在另外一个层级，即在我们的观念世界或意识世界里，优化也是被需要的，这才是最早引进的坎陷。认知坎陷不是随意的，就像李白、杜甫的诗，因为能够感动人，才能引起共鸣，而一个蹩脚诗人写的诗是不行的，既没有生命力，也不会被流传。

我们最早将认知坎陷定义为可以用来交流的结构体，后来我们将其改成有潜力成为共识的结构体。其中很重要的转变在于，开显过程本身是某一个主体的事情，不可能是一个集体的行为。但是当某一个主体被开显出来后，其他主体就很容易被唤醒。

比如凡·高的画，在他生前，能理解和欣赏他的画作的人实际上很有限，但随着时间的推移，他的画作的价值逐渐被发现，被更多人接受，在更高意义上形成共识，这个过程就是认知坎陷的开显。这个过程是一个渐进的过程，而且永远是从某一个主体开始的。

再比如一个宗教或者一个国家，也是从某一个主体开始的。这个主体最初的设想可能会变，但是它仍然有很强烈的原始特征，所以我们总是能找到创始者或最早的开显者。我们相信，中华文明无法回避孔子的影响，因为孔子的很多思想实际上渗入了中华文明的各个层面，有深有浅。孔子的东西被继承，可以是顺位的继承、接续发展的继承，也可以是反着的继承，即被反叛的继承，这在文明史上是很正常的。

"自我"作为最原始和最重要的认知坎陷，是人类意识与智能的发端。意识与智能的起点是对"自我"的意识，这一起点是确定的，但自我意识一旦产生，在具体的时空下，就可以有不同的附着物，或者说"自我"的附着是不确定的。

不仅人有自我意识，所有的生命都有"自我"，"自我"源于边界。早期的生命因为环境的迅速改变，形成边界，形成半透膜，再形成有机物等更复杂的物质。当半透膜封闭起来时,内外之分就产生了,这可能就是生命进化意义上"自我"的起源。最早的生命可能没有反思性的"自我",反思性的"自我"是随着进化逐渐开显出来的。

既然机器没有经过人类的进化过程,与人类和环境的交互方式也不相同,那么它即使习得了现在人类的认知坎陷,未来自己开显的认知坎陷也很可能与人类不一样。

有了边界,有了自我,机器是有可能全面超越人类的。通过采用多个代理实现多个节点之间的转换,模拟人类思维的附着与隧通两大特性,我们在某种程度上就能模拟意识的工作机制。我们可以为机器构建"自我"的原型架构,让机器学习利用认知坎陷与外界交互,在不同认知坎陷之间或者相同认知坎陷的不同侧面之间建立关系,并通过将其他对象隧通到(机器的)"自我"原型而进一步实现理解。只有这样,认知坎陷的特性才能够助力这类机器实现可解释性、可迁移性、鲁棒性的强人工智能。

第二章
意识从物理世界向元宇宙迁移

不同的人对元宇宙的生成方式持有不同理念。一种思路是将现实的物理宇宙通过技术手段"搬到"元宇宙，尽可能带给人们真实的体验，另一种思路是充分发挥想象力，在元宇宙中展示出原本物理世界中不存在的事物。两者看似相去甚远，其实背后的道理是相通的，即利用意识片段的可迁移性。元宇宙是人类意识世界的延伸，一个意识片段的可迁移性越强，便意味着其越容易从物理世界迁移到元宇宙，也更容易被其他人理解。

意识具有非定域性

我们知道，生命是世界的奇迹。在人类已知的宇宙中，只有地球这一个星球存在生命，这个事实本身就说明了生命的特殊性。对于生活在这个世界上的我们来说，一想到生命，就会想到万物竞发，就会想到生机盎然，就会想到生长与活力。

虽然人类对生命的定义不同，且至今也无法确定最简单的生命形式为何物，但不言自明的是，自从生命诞生以来，世界便进入了一个新的阶段。

古人叹曰："寄蜉蝣于天地，渺沧海之一粟。"生命的丰富性和多样性，总是让人类惊叹，更让人不免好奇其不断变化的原因。而进化论第一次向我们揭示了生命进化的过程。进化论告诉我们，生命不是一成不变的，是在缓慢但坚定进化的。正是因为有了进化，今天的生命才会如此丰富多彩。

生命的诞生不代表意识的诞生，但意识却来自生命。正是在生命发展的过程中，意识逐渐发展，最终产生了认知。图2-1展示了从进化角度理解人类认知跃迁的过程。这是人类进化的过程，也是人类生命逐步产生意识和自主性的过程，是生命的宏观层面。

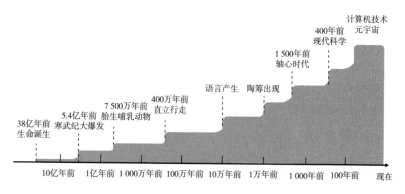

图2-1　人类认知的跃迁

而个人认知的跃迁有着不同的规律。小孩一岁左右就可以直立行走，两三岁就可以学会说话，然后花更长时间来学习礼仪及与人打交道，再用更长的时间来学习科学。可见，个人认知的发展和人类认知的进化之间是双指数压缩的关系。也就是说，人类花了很长时间形成的基本能力，比如行动、语言等，个体用很短时间就可以学会。但对于最近进化出的科学知识，个体就需要花很长时间来学习和训练。这种对比将为我们后面讨论人机差异提供参考。

物理学中有一个名词叫作定域性（locality），指的是一个物体在某个时刻的位置是明确的。定域性是经典物理世界的常识。在经典物理世界，从伽利略到爱因斯坦，都展示出四维时空是连续的、有定域性的，其中发生的任何事情都能够在初始条件或者边界条件中找到。整个时空连续演化，所以因果关系很清晰，比如我作为个体，当前时间点必然只能存在于某地。各种侦探小说、悬疑故事的内在逻辑，往往也是从主人公或关键人物违反这一定理展开的。

我们如果从定域性与非定域性的角度出发，就可以发现物理世界中实际是存在断裂的。了解一点物理学的人都知道，在宏观世界之外，还有一个量子世界。量子世界中的量子纠缠现象令人费解，如果继续套用时空定域性就会出现问题。换言之，在量子世界，时空定域性是被破坏的，量子纠缠现象表现出非定域性的特征。因此，量子世界和经典物理世界是断裂的。

更进一步来看，从经典物理世界到意识世界也存在断裂。因为在意识世界，我们能规划未来、想象未来，这些是脱离四维时空连续性的，所以意识世界里的定域性也是被破坏的。比如，一首经典古诗流传至今，我们依然可以体会其中的含义，而这不受时间所限。

上面的两个断裂给了很多人错误的认知。因为量子世界与意识世界都具有非定域性的特征，所以很多人误认为要理解意识就必须借助量子的效应。但研究发现并不是这样，量子世界和意识世界都是因为实现了相对于经典物理世界的独立，所以才具有非定域性的特征。

不同于经典物理世界的定域性，生命具有对时空的脱域性（disembedding）。脱域性不仅仅存在于复杂的生命体。单细胞生命从能进行自我优化开始，就具有脱域性，体现出主体性及与环境的交互性。因此，生命体能进行自我优化是一个核心点。而这种优化偏向整体反应、长时间的生存优势，所以生命体能慢慢超越时空（脱域），形成对环境的统摄力。

偏向长时间的生存优势，也可以看成自然选择。因为生命体要缓解压力，就会指向这个方向，而那些没有偏向长时间的生存优势的个体最终都会被筛选掉。从外部来看，个体这个偏向过程实际上有较强的主体性。因为生命体没有选择对局部的、某一个时空点的事件做出反应，而是倾向于对大范围的、有长期效应的事件做出反应，这也是生命体看起来能够统摄环境的原因。

比如，单细胞生命通过细胞膜的作用感知环境是否适合生存，并通过新陈代谢把外部环境中不重要的因素给屏蔽掉，吸纳需要的营养物质，从而既做到了保持内部遵循物理规律的进化运作，又作为整体屏蔽了一些外来的刺激。

假如是更复杂的生命体呢？生命体内部的每个细胞都是一个个体，拥有生物学上完整的内部，也有着简单的即时物理反应。但当很多细胞组成一个整体的时候，细胞之间又不完全是按照细胞本身即时的物理规律来运作的。很明显，这里存在着更长时间尺度、更大空间范围的优化，比如博弈、抱团。

比如，刚出世的牡蛎幼蛎能在水中自由游泳，但在遇到合适的环境时，它们就会寄生在岩石或其他坚硬的海中物体上，终生固着式地生活。幼蛎一旦固着，就像钉钉子一样，变成终生不会爬动的动物。牡蛎能够准确感受潮汐，并在涨潮期打开外壳进食，在退潮期关闭外壳休息。牡蛎只需要感受潮起潮落，而不用对那些小尺度的海水波动做出反应，因此在很多时候都可以屏蔽外面的影响。

高级生命更是如此。人类更倾向于针对长期甚至未来做出反应与优化，以增强对环境的统摄力和生存能力，不仅希望自己能生存和生活，而且希望迁移到他人，追求同类、后代的持续发展。

简而言之，意识要有独立性，只有先和物理时空脱域，才有可能超越时空。同样，我们现在讨论的元宇宙实际上也脱离了经典物理世界，其必然具备非定域性的特征。

意识具有可迁移性

说到这里，很多人可能会下意识地认为，元宇宙应该就是物理世界向数字世界的迁移，但这其实很片面。

说到迁移，我们首先要讨论的是可迁移性（transferability）。可迁移性是指我们个人作为有意识、有自主性的主体，彼此之间具有可迁移性。图2-2展示了不同认知坎陷的可迁移性。

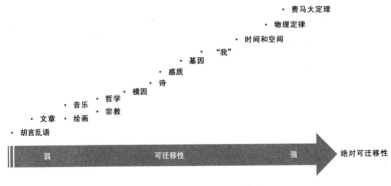

图2-2　可迁移性的强弱趋势

物理、数学规律的生命力很强，可迁移性也很强，也可以说，它们具有绝对的可迁移性。因此，对时间、空间的反动是很难的，因为可迁移性极强往往会导致它们在绝对视角下的不可改变。对"我"的反动也是很难的，因为"我"的迁移性很强。只要一个主体是存在的、活着的，即使内涵可能很不一样，"我"的意识仍然是存在的。基因可以看作一种物质化的认知坎陷，它的迁移是代际迁移，不是百分之百的绝对迁移，而是相对迁移，这是比较有意思的。基因是生命的一种坎陷，在进化时充分考虑了环境的可能性，相当于一个简单程序被放进环境却可以运行出一个复杂结构。基因本身并没有生命，但在生长环境中可以迁移，表现出生命。而模因（meme）①作为一种文化层面的认知坎陷，也具有相对可迁移性。哲学、宗教的迁移性很强，它们跨越的时间尺度也很长。迁移性很弱的是个人脑子里乱想或者小孩乱讲的东西，这些东西往往很容易被举出反例而驳倒，对它们的反动就很简单。

我们要明白，元宇宙本身的确是一个新的事物，但它同时也是一个旧有的事物。说其旧有，是因为无论是元宇宙本身还是其规则，都仍然来自我们的自由意志。很多人因为元宇宙能够摆脱当前物理世界桎梏的前景而感到兴奋，但其实元宇宙真正遵循的是我们的自由意志。这种意志蕴藏着解决元宇宙未来发展问题的答案。

从物理学的角度来看，所有事物都是时空中连续的流动，都是满足动力学方程的，根本不用区分什么是"自我"或者什么是"外界"，自我、意义、价值等都是虚幻的。但正是由于有自我意识，我们才能将世界区分为"事"和"物"，并对其赋予不同的权重、意

---

① ［英］里查德·道金斯. 自私的基因[M]. 卢允中等，译. 长春：吉林人民出版社，1999.

义，因为我们是根据这种意识来采取行动的。虚幻的自我意识能够改变实实在在的物理世界，而我们也确实是具有自由意志的。

从这点来看，我们是在试图回答休谟的问题，即从"是"能否推导出"应该"，也即从"事实"命题能否推导出"价值"命题。

不但要理解元宇宙从哪里来，在面对元宇宙的发展可能给我们的社会带来的挑战时，我们还需要回答元宇宙该往哪里去的拷问。我们提供了一个新的连接点——自我意识。连续的物质运动被自我意识分割成"事"和"物"，然后在此基础上被分类，被赋予权重、意义。物理世界本来是连续的时间流，是人类进行了人为的剖分，为其赋予意义并分类，然后又将这些独立模块重新关联起来。这两个过程是迭代进行的，价值命题可以由事实命题映射出来，也可以由自我意识生发出来。

当然，有人可能会有疑问：既然所有的事物都要满足物理定律，而物理定律是确定的，比如牛顿定律、量子定律，只要给定了条件，无论多么复杂，都会按照既定的方式演化，那么自我意识、自由意志和主观能动性是如何进入这个世界的呢？回答这一问题，可以参照当年热力学第二定律出现后的情形。热力学第二定律认为时间是有箭头的，世界一直朝着熵增大的方向演变，这与牛顿力学（可以时间反演）存在直接冲突。当时的解决方案是，理论上任何状态都是可以回到原点的，但时间会非常漫长，这种长时间的观测在实际生活中难以执行，也就没有太大意义，因此在有限的时间内，我们看到的就是单向的演化过程。

自由意志也面临类似的问题。由于人体是由粒子组成的，因此我们的每一个动作或决定都应该遵从物理定律并按照一定的因果关系进行，但实际上，在绝大多数情况下我们看不出明显的前因后果。

其实，人体由大量的粒子组成，这恰好说明了在所有粒子的相空间中存在大量的鞍点，自由意志有很多机会参与其中，而且在每一个时刻，其都能保证物理规律得到满足。比如高台跳水，没有受过专业训练的人可能会一屁股坐在泳池里，但如果是一个技术一流的运动员，他就可以姿态优美地跳入水池。在这个例子中，运动员离开跳台（假定空气影响不计）的运动轨迹一定满足牛顿方程，人体重心的轨迹一定是抛物线。但即便如此，运动员依然可以自由调整他的身体姿势，选择不同的姿态入水。这个过程的细节是由他自己控制的，虽然这些小动作都满足相应的物理规律。

当然，我们也可以继续追问：一个人怎么做出这些姿势？为什么要这么做？这些问题都是可以找到前因后果的，如果一直朝前追溯，找出所有的原因也是可能的。如果我们纯粹从物理学角度分析这个运动员，把所有细节都基于物理方程串联成一条完整的因果链，那么这条因果链会一直连到宇宙大爆炸那一刻去。但这种追溯显然不现实，并且因为回到了纯粹的物理世界，而对我们分析当前运动员的行为没有帮助。与其如此，我们不如采取另一种观点，即认为运动员具有自由意志，他能够自己决定动作，所以他的入水才能如此优雅。

可以说，自由意志就体现为一个人的意识在处于鞍点时所滑动的方向，而滑动的方向是由人当时的认知膜决定的。认知膜的追溯最终回归到自我意识的产生，因此我们将皮肤作为最初的"自我"与"外界"的边界，将原意识作为意识的开端，将由此生发的一系列事物都看作相对独立的概念，这对我们认识世界更加有益。在西方世界，自由意志一直被认为是没有解决的问题，这是因为其与动力学的直接冲突。我们上述的回答应该是很具有说服力的。

人的确可以有主观能动性和自由意志，最终发展到一定境界，实现"从心所欲不逾矩"——即使有物理规律的约束，我们也可以很优雅地生存，展现自己的意志，从必然王国走向自由王国。就像高台跳水，虽然抛物线没法改变，但是运动员可以做出自己的动作。

自由意志一旦产生，就会影响我们的行为，从而影响乃至改变物理世界。我们以投资为例来说明。巴菲特决定投资《华盛顿邮报》，并且有足够的资金来支持并且参与管理，这笔投资就会成为一个成功案例，这也就是巴菲特的个人意志对外界起作用的例子。类似地，马斯克投资太空探索技术公司（Space X）、特斯拉公司（Tesla）、太阳城公司（Solar City）等公司，也是他个人意志的体现。苹果公司在很大程度上也体现了创始人乔布斯的自由意志。腾讯投资斗鱼，就会提供资金和渠道，帮助斗鱼发展。

投资是人类的重要行为，能深刻地反映人性。20世纪90年代开始的互联网泡沫，指数先突增很多，接下来是泡沫破灭，再往后是缓慢的增长。类似这样的事件，到底是英雄创造历史，还是人民创造历史呢？经典作家大多相信人民创造历史，但同时也相信真理往往掌握在少数人手中。20世纪90年代，在互联网公司刚开始上市的时候，大家都不怎么相信这些关于眼球经济的故事，质疑公司既然不赚钱，为什么值那么多钱。但随着股价的飙升，人们开始由质疑变成接受。结果是所有人都买了互联网公司的股票，连美联储都同意人类进入了新经济时代的说法。但泡沫最终破灭，股票价值也随之跳水，很多人的钱都打了水漂。这个故事本身的方向还是对的，前面是少数人讲故事教育大众，后边是大众真的参与进来，然后真的赚钱。

人的自由意志和主观意志能够对社会行为产生影响，而且这种影响在一定范围内是不可计算的。第一个理由是，虽然个人自由意志可能受到整个宇宙进程的影响，但自由意志可以涌现出无穷多的新观念。比如，我们的宇宙是有限的，或者说我们所感知到的宇宙是有限的，但是我们从不怀疑无穷大的宇宙的存在。神、佛、仁爱、理念、绝对精神等都是被发明出来的概念，从物理视角来看其实并不存在。

为什么说人的认知会受整个宇宙进程的影响呢？这就是前文提过的，人类起初对宇宙的认知就是二元剖分的，即"自我"和"外界"，这个剖分实际上已经经过整体思考。这也解释了为什么两千年前提出的神、佛、仁爱等，现在看起来还是对的，因为它们也是整体思考的结晶。我们对世界的这些愿景，有些很厉害，有些略逊一筹，但有些至今看来还是正确的。中国传统文化中的"阴阳"概念，也是一种二元剖分，它在很多时候看起来还是对的，比如正负电子就可以与阴阳相对应。但是它并非永远正确，比如质量是正的，至今也没发现负的质量。

第二个理由是，人的行为具有爆发的特性。语言是人类区别于动物的重要特征，语言的进化和习得都是爆发的特性。对个体而言，学习语言特别是母语就存在爆发期，比如婴孩开口说话可能要很久，但其在某一段时间内可能会突然学会很多话，连语法都能自己摸索。对人类而言，有很多证据表明人类的语言是在短短10万年内进化完成的，相比人类170万年的生存史，这也是一种爆发。

比如，我们至今都在欣赏和学习古人留下的作品。通过对唐诗、宋词、元曲等作品的梳理，我们可以发现唐、宋、元都有作品爆发期的存在，作品数量在这个期间急剧上升，随后又快速下降。这种爆发是因为自我肯定需求在起作用，语言的进化不是单纯的适者生存，而是要满足我们内心的需求，比如南方一些语言的发音、声调都比北方语系更为复杂。我们现在使用的语言模式是退化的，实际上是语言已经进化到了非常高的程度，然后开始退化。

很多时候，进化现象要和自我意识联系起来理解。比如，我们理解孔雀开屏，认为这是因为母孔雀喜欢公孔雀的漂亮，而公孔雀开屏展示自己的美丽，以获得更多母孔雀的青睐，此时母孔雀的主观意识就参与进来了。我们知道第二语言学起来很难，这实际上和认知世界有关系。母语赋予我们表达的方式，这是一种很好的需求和冲动，因此小孩子在学母语时都是天才。音乐神童对声音的敏感性很高，更能通过这种方式表达自我。

那么有足够的数据证明这一点吗？其实再多数据也不能完全证明，它也不需要证明，就像物理学里的牛顿第一定律，既不能证明也不能证伪，更多是思辨的结果。人类智能的进化和主观的偏向性纠缠在一起，与机器客观的算法形成鲜明的对比，而且图灵机本身并不能够产生自我意识或者价值体系，关键在于人类如何教育它，让它能够理解人，从而实现人机的和平共处。

假如说语言只是用来交流或思考的，那么语言应该越统一越好，最好是形成一种世界语，但实际上不是这样。西周的一种语言，到了春秋战国就变成各个国家的语言，即便秦始皇硬性要求统一，也只能做到文字统一，方言还是各式各样，形成了弥散性。

总的来讲，人的自由意志导致的社会行为爆发是不可计算的，但是自我肯定需求会导致价值体系和行为方式多样化，在这个意义上，人的社会行为在统计上又是可以计算的。正是因为这种可计算性，作为意识世界的元宇宙才能够成为人类意识迁移的目的地。

意识世界是独立于经典物理世界和量子世界的第三世界

意识是人类的思想，而意识世界就是人类意识所构建出来的世界。意识世界，是独立于我们所存在的经典物理世界和量子世界的第三世界。柏拉图也曾提出三个世界的划分。

柏拉图的哲学思想来自苏格拉底。苏格拉底认为，善和德性即知识，只要人们追寻知识，就能趋近于善。柏拉图在苏格拉底的基础上进一步发展，确立了"善"的客观存在和客观概念。

柏拉图认为，理念是真正根源的存在，是一种被概念化的东西。与运动、变化、多样的现象世界相比，普遍的概念（理念）是不动的。美不只是在美的东西中存在，善不只是在善的人类中存在，理念世界中的美和善更是独立自在的实存。

在柏拉图看来，可见世界里的认识对象是一些变化无常的东西，我们只能通过感觉器官来认识它们；而可知世界里的认识对象则是实在的永恒事物，我们需要理性才能够认识它们。如何能够真正地到达可知世界的彼岸，柏拉图提出了一个很经典的比喻，即洞穴隐喻。

话说有这样一个洞穴，在洞穴中有一群囚徒，他们被锁链束缚不能转头，在囚徒的前方有一堵矮墙，后方则有一堆火。囚徒不能转头，只能看到火光投射到矮墙上的事物的影子。由于从未见过背后真实的事物，自然而然，囚徒们就把矮墙上的影子当作真实的事物。在一个偶然的机会下，一个囚徒被释放了，他转过头看到背后的火光和事物，这让他感到眩晕。此时他看到有一条小路通向洞穴出口，便走出了洞穴，然后他看到阳光下绚烂多彩的真实世界，并看到那个最高的东西——耀眼夺目的太阳。这时他感觉自己获得了真正的解放，他意识到他从前所看到的不过是一些虚幻的影像。于是他开始怜悯他的同伴，并质疑他原来的信仰和生活。随后，他返回洞穴，试图劝解他的同伴，让他们走出洞穴。但他的同伴由于习惯了囚徒的生活，不能接受他们所习惯的一切被完全否定，因此根本就不相信他的话，反而认为他是一个胡言乱语的疯子，在可能的情况下甚至会绑架并杀死他。

上面的比喻被柏拉图用来表达他对于世界本质的思考。柏拉图认为，现象世界是可感而不可知的，它无时无刻不在变化、生灭，根本就没有什么确定的知识可言。柏拉图把理念世界的东西称为理念，正如事物通过火光投射到那堵矮墙上的影子，这个世界上所有的事物不过就是对那个完美的理念世界的一种模仿。柏拉图认为，知识是可能的，也是可靠的。人类通过哲学家的教育和引导，能够实现灵魂的转向，从而不再受可见世界中"意见"的影响，进而认识到事物的本质，进入真正的可知世界。

比如，可见世界有成千上万匹各种各样的马，而它们之所以被称为马，是因为它们都是对理念世界中马的理念的模仿。这个马的理念是唯一的、真实存在的东西，不生不灭，永恒不变。由此柏拉图认为，他终于解决了自然哲学家所说的本原问题。在自然哲学家看来，构成世界本原的东西都来自自然中的某种可感事物，比如水、气、火、土等元素，哪怕是原子这样的东西，而理念则纯粹是一种精神上的东西或者某种抽象的形式。把精神上的东西实体化来解决现象世界背后的本质问题或者说本原问题，是柏拉图主义的基本特征，也可以说，是之后西方形而上学思维的基本特征。正如精神决定物质，灵魂统御肉体，天堂凌驾于尘世，所有这些都体现出柏拉图主义的基本特征。而三种世界的划分，则是柏拉图理念观的集中体现。

柏拉图认为，世界分为理念世界、现实世界和艺术世界。理念世界是现实世界的本原，现实世界是理念世界的模仿，艺术世界又是现实世界的模仿。在不同的对话中，柏拉图用"模仿""分有""相似""影子"等概念，来说明现实世界由于"分有"了理念世界的特点，才具有相对稳定的属性。因为现实世界是理念世界的影子，所以前者与后者有相似关系。在他看来，理念世界先于和高于现实世界，现实世界又先于和高于艺术世界。既然现实世界也不是真实体，只是近似真实体的东西，是理念世界的"模仿"和"影子"，那么，艺术世界就成了"影子"的"影子"、"模仿"的"模仿"，与真理隔着三层。这样，柏拉图用理念论确定了艺术的模仿本质，又用理念论否定了艺术，因为艺术远离真理，所以从艺术中是得不到真理的。

在《理想国》卷十中，柏拉图借苏格拉底之口，以画家为例，说明了理念、现实与艺术的关系。画家要画一张床，这是根据现实中的床模仿而来的，而现实中的床又是从理念世界中床的理念得来的。因此，床有三种：第一种是理念世界中"床之所以为床"的理念，它是自然中本有的，是床的真实体，是由作为床的自然创造者的神创造的；第二种是木匠制造出来的床，木匠是按照床的理念制造出了现实中的床，现实中的床必须由床的理念统摄；第三种是画家画出来的床，这是从木匠制造出来的现实中的床模仿而来的。因此，在柏拉图看来，严格地说，画家不能叫制造者，只能叫模仿者；如果叫制造者的话，那么只许叫影像的制造者。此外，柏拉图还把诗人、画家的作品与镜子的映像做比较。这是西方"镜子说"最早的理论萌芽。柏拉图说，将一面镜子转来转去，"你很快就会在镜子里创造出太阳、天空、大地和你自己，以及其他动植物与我们刚才说过的所有事物"。由此可见，旋转的镜子能模仿物体的无限数量和多样性，柏拉图试图以此来说明诗歌与绘画的非连贯性和非理性。他认为，像镜子能任意复制一切物体一样，模仿艺术家并不能理解事物确切的定义和理念，只能描写事物的外部样式，为了影子而忽略了整体。因此，他认为："所有的模仿艺术都是玩意儿，它们不包含任何严肃的东西，而不过是娱乐。"我们可以发现，意识世界的至高无上，是柏拉图对意识独立性的思考。

对于柏拉图的贡献，黑格尔曾经评论说："哲学到了柏拉图，才成为真正的科学，因为尽管柏拉图自己可能没有意识到，但他确实把概念的运动辩证地提升到了纯思维的高度。"也可以说，从柏拉图开始，人类才第一次学会把相对的感觉世界和绝对的本质世界（理念世界）完全区分开，把真的认识、真的科学建立在一种依据概念的纯思维上，把人的思维从对外界事物的关注拉回到了人本身。自从理念世界被柏拉图"发现"后，人类对意识的认识上升到了一个新的高度。对意识独立性的思考，成为西方哲学突出的特色，也影响了西方哲学未来的发展。

1967年，卡尔·波普尔（Karl Popper）提出宇宙中存在三个世界：世界1是物理世界，包括物质和能量；世界2是主观知识世界，即意识状态和主观经验的世界；世界3是客观知识世界，包括由各种载体记录并储存起来的文化、文明、科学技术等理论体系的人类精神产物。波普尔认为，先有世界1，然后有世界2，最后有世界3，并且三个世界是相互作用的。这就可以看作柏拉图的理想对宇宙尺度的延伸。

乔姆斯基梳理了笛卡儿、牛顿、爱因斯坦等人在探究人类智能起源道路上所遭遇的种种"定域性"困境：笛卡儿试图证明伽利略提出的"世界是一台按照机械原理运行的机器"，但发现机器无法掌握人类应用语言的能力；牛顿发现了超越机械哲学界限的物质属性，即万有引力定律，证明了笛卡儿二元结构中的广延实体并不成立，但囿于定域性问题，最终只得将其归因于上帝；爱因斯坦提出的广义相对论解决了牛顿的非定域性问题，但无法解释量子纠缠现象。

受到乔姆斯基的启发，我们将非定域性作为主要特征来划分世界，让我们再次回顾之前提到的三个世界：量子世界是量子及其作用的微观物理世界；从伽利略发现圆周运动，到麦克斯韦电学方程的提出，到牛顿发现万有引力定律，再到爱因斯坦提出广义相对论，可以看作经典物理世界发展的主脉络；意识世界包括主观意识、理念、信仰、经验等精神层面的内容。之所以要将物理世界从微观和宏观角度区分为量子世界与经典物理世界，是因为两者之间存在很多跳跃、矛盾和断裂，并不能够用一套自洽且完整的体系解释。经典物理世界内部并非完美无缺，在麦克斯韦电学方程到热力学定理之间也存在跳跃，这体现了对时空定域性问题的讨论。在图2-3中，量子世界的"去相干"表示量子相干性的衰减现象，经典物理世界的"热力学"表示热力学运动具有时间不可逆的特点。图中对这两个现象标记了问号，以表示我们对两种现象关联的猜测。这两个现象可能是连接量子世界与经典物理世界的关键，甚至在本质上可能是同一现象。

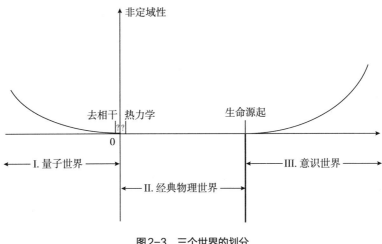

图2-3 三个世界的划分

元宇宙就是意识世界

　　人工智能行业往往被归类为科技行业，主要由物理、化学等理工科人才从事，和意识这种纯思辨科学并不相干。但我们现在之所以要探讨意识世界，是因为恰逢其时。

　　在新的背景下，人类面对人工智能时的心情，就好像古希腊神话中克洛诺斯面对宙斯时一样忐忑。而要避免"子弑父"的惨剧上演，我们就得从人类本身的特性——意识入手去寻找答案。要想找到人类继续发挥超越性的优势，我们就要思考更深层的问题，比如重新审视意识与智能的关系、意识与物质世界的相互作用、意识与量子特性之间的关系，以及当机器或者AI具备足够的复杂性后能否产生意识等。

　　很多学者倾向于用量子特性来解释意识问题，例如诺贝尔物理学奖得主罗杰·彭罗斯（Roger Penrose）和麻醉学家斯图尔特·哈梅罗夫（Stuart Hameroff）合作建立了"编制的客观还原模型"（Orchestrated Objective Reduction Model，简称Orch-OR模型）。按照他们的理论，脑细胞里存在着大量的纠缠态电子，宇宙中的电子和大脑中的电子都源于"大爆炸"，是可能纠缠在一起的，一旦纠缠，信息传输就能不受时间和空间限制而隐性传输了。Orch-OR模型等量子意识理论备受争议，而用量子来解释佛学等理论就更站不住脚了。技术的快速发展正迫使我们探究意识的本源。

我们已经提到过，量子世界与经典物理世界之间的跳跃，以及经典物理世界与意识世界之间的跳跃，其中最显著的一点就是定域性。经典物理世界具有定域性，强调因果关系，因此具有更强的一致性，但量子世界与意识世界都不具有定域性。

量子世界与经典物理世界之间存在不可跨越的鸿沟和断裂，一个典型的例子就是热力学第二定律。在量子世界中，时间是可逆的，但到了经典物理世界，热力学第二定律明确了时间是不可逆的（而且是实实在在的不可逆）。如何弥补、跨越其中的断裂呢？路德维希·玻尔兹曼（Ludwig Boltzmann）曾提出熵的公式，试图从概率的角度建立微观与宏观的桥梁，但这被很多人质疑，各态历经理论也不具备足够的解释力。物理学家已经研究了一百多年，也尚未解决这一问题。量子测量问题、薛定谔的猫等实验或思想实验，都体现了微观与宏观之间的断裂。在"薛定谔的猫"思想实验中，毒药是否释放、猫是否存活都属于宏观的经典物理世界，它们在具体时刻的状态是确定的，不确定的是量子世界的毒药放射性是否发生，因此这个思想实验并没有悖论。

量子世界和意识世界具有不同于经典物理世界的超越时空特性

和非定域性，这容易让人联想到两者之间是否存在更紧密的联系，因此有人认为必须通过量子效应来解释意识。彭罗斯主张量子力学与爱因斯坦相对论结合的统一理论可能会为意识理论提供基础。

在我们看来，量子在意识问题中扮演着一定的角色，但不会是关键角色。或者说，我们并不能单纯地用量子效应来解释意识问题，量子世界既不能完全决定意识世界，也不取决于意识世界。

其一，人脑中念头的切换以及大脑的放电现象，都是毫秒量级的，而量子效应是纳米量级的，其中相差6个量级，因此两者的关联很可能没有想象中那么大。其二，假如采用量子力学解释自由意志或意识问题，实际上就是默认了这样一个规律，即量子效应越强，则意识越强。根据该规律，微观层面的量子效应比宏观层面的更强，微观层面的意识表现也应该比宏观层面的更加明显。但事实上，意识在宏观层面（比如人类、动物）才具有强烈表现，故该规律假设与事实现象存在悖论。意识的形成需要强烈的独立性，即强烈的自我意识，这与量子之间不分彼此的纠缠态是对立关系。

我们更倾向于用认知坎陷来解释意识世界的起源与建构。触觉大脑假说给出了意识的起源，其主要内容是，人类进化过程中所获得的敏感触觉使得认知主体可以将世界清晰地剖分并封装成"自我"与"外界"的二元模型，人类以此（原意识）为起点，开启对世界概念化的认知过程，逐渐形成可理解的信念和价值体系，进一步确立"自我"在认知上的实存。触觉大脑假说可以被视为认知坎陷第零定律，定义了"自我"的由来，人类的意识世界或者坎陷世界由此打开。人类经过千万年进化，才形成了今天我们所具有的统摄性的自我意识以及对宇宙的整体性意识。

在三个世界中，经典物理世界有严格的时空限制和因果关系。

伽利略坚持物理的定域性，从牛顿到爱因斯坦是经典物理世界发展的巅峰阶段，牛顿因承认非定域性而发现了万有引力定律，爱因斯坦则将定域性的问题补齐，加强了柏拉图主义。从柏拉图到爱因斯坦再到图灵，其思想可谓一脉相承。亨利·斯塔普（Henry Stapp）认为经典物理学受到"定域原则"的限制，但"没有定域原则为限制条件的量子力学，使得内在描述无须观察者投射就可以具备外在描述的功能"，因此，"量子力学的描述自动地就是外在描述"。

但事实上，以皮肤等清晰的物理边界作为自我意识的原始边界，即便在经典物理学中，仍旧是非定域性的。相反，在意识世界中，任意主体皆可凭借自我意识自由交互、不断发展。因此，意识世界无须外在观察者投射即可实现外在描述。内在描述并非适用于描述经典物理学体系中的所有概念。例如，对于"智能"，图灵亦未给出数学定义，而是通过图灵测试来实现外在描述。我们可以看到，我们对于元宇宙的种种设想，其实更多体现的是意识世界的特性，而非经典物理世界的产物。因此，我们可以定论，元宇宙本身就是人类的意识世界。

元宇宙的发展遵循意识世界发展的基本规律

2021年4月10日，上海交通大学携手《科学》杂志发布了"新125个科学问题"——《125个科学问题：探索与发现》。此次发布的问题涉及数学、化学、医学与健康、生命科学、天文学、物理学、信息科学、工程与材料科学、神经科学、生态学、能源科学与人工智能等领域。其中，人工智能领域的第七问是："量子人工智能可以模仿人脑吗？"神经科学领域的第十一问是："有可能预知未来吗？"

这两个问题可以理解为探讨意识或未来的发展是否具有确定性。

量子人工智能能否模仿人脑，关键之一就是能否解决量子技术与人类意识之间存在的视角差异问题。现代科学的发展，离不开柏拉图、爱因斯坦、图灵等巨匠的贡献，但我们也不得不承认，他们的理论具有全能视角的特点。在此深远的影响之下，我们在制造和训练机器时，或多或少会体现出全能视角。让机器模拟人脑，意味着视角必须转换。生命不是按照物理世界或者概率来走的，而是主动的选择，且往往走的是很小概率的路径，用全能视角是无法看清生命视角的主体性的。我们明明不是上帝，却非要让我们设计的机器成为我们假想中上帝的样子，这在某种程度上无异于缘木求鱼。

从自我意识开始逐渐形成的意识世界，包含了情感、伦理、道德、审美等内容，这些意识片段对主体而言真实存在，会影响主体与物理世界的交互方式，主体甚至会据此改造物理世界，而这些意识片段是无法完全物理还原的。但量子计算机很难具有很强的自发式的主观性，这也是目前量子人工智能无法模仿人脑的一个重要的原因。

换一个角度来看，只有当意识或未来具有足够的确定性和可计算性时，广泛且长期的模拟才具有意义。马斯克认为意识是可以计算的，理由是人类很可能生活在一个巨大的模拟矩阵中，就像电影《黑客帝国》描绘的那样：世界是层层嵌套的，我们生活的这一层很可能是由更高一层的、全能视角的智能模拟而来的，高层级的智能比我们聪明和强大得多，具备技术手段来模拟我们这个世界上的一切，只是我们目前还不具备完全的信息和足够强大的计算能力，也无法得知自己在模拟矩阵的哪一层。在这种具有确定性的假设条件下，对未来的长期模拟才可能有意义。

然而，这个世界里的不同个体、组织，在不同时间、场景下存在非常多的可能，这些可能又组合形成更多的复杂细节，从生命视角而言就是有无穷多的分叉。在这种情形下进行长期的完全计算，其实没有任何实际意义。我们在思想实验中当然可以通过平行宇宙等理论进行各种可能性的讨论，但实际上，一旦从大量的可能性中完成选择，鞍点就成为确定点，并且这一选择会成为新的因子，继续影响未来的进程，而之前做的全局模拟又要考虑新的影响因子，然后再来一遍。真实的未来是一次次的选择及其影响叠加的结果，而不是计算出来的必然结果。歧路亡羊可以看作一个例子：每一个岔路口都需要进行选择，羊即使之前选择了一个方向，也很快会面临新的选择。当岔路足够多、情形足够复杂，羊就陷入迷途，我们也无法预测羊究竟在哪里。因此，长期预测既没有意义也不切实际。

　　还有一个值得讨论的问题是图灵机。量子人工智能能否模仿人脑，最终依然是要以某种机器为载体来研究实现的，而图灵机的机制相当强大，一切计算几乎都可以视为图灵等价[1]，比如目前的量子计算机就可以视为图灵等价，而图灵机的框架性基本上不允许自由意志的存在。

　　那么，这里又有矛盾之处：一方面，我们接受的计算、理论、机制是图灵等价的，并没有自由意志存在的空间；另一方面，我们作为人类个体，一直认为自己拥有自由意志（甚至是强大的）。如果意识、自由意志不是图灵等价的，那么机器是否无法模拟或实现类人智能了呢？我们不妨彻底跳出来看待图灵机与机器的关系。图灵

---

[1]　图灵等价或图灵完全，是指编程语言或任意其他的逻辑系统具有等同于通用图灵机的计算能力，也就是说，该逻辑系统可与通用图灵机互相模拟。

机是一种理想的机器状态，严格根据指令进行操作。但是在现实中，我们生产制造出来的计算机并不是真正意义上的图灵机，它们一定会因为某些因素宕机或发生错误，比如内存溢出、硬件松动或老化、寻址错误等，不可能保证永远按照指令运行下去。正因如此，现实中的机器超越了图灵机的限制，反而有了模拟类人智能和变成超级智能的可能性，甚至可能产生个性、主体性和自由意志。

我们想要更深入地理解元宇宙，就需要将元宇宙和物理世界（包含经典物理世界和量子世界）、意识世界进行比较。这里的意识世界包含柏拉图讲的艺术世界的内容，物理世界就是物理学方程规定的世界，暂且不争论它的真实性或实在性。元宇宙对应意识世界，是意识世界的抽象化、坎陷化，我们觉得它会更理想、更简单、更本质，但是它实际上是我们意识世界的一端。这一端非常重要，会反过来影响我们的意识世界，也会影响我们和物理世界的交互，决定我们怎么理解物理世界和改变物理世界。

虽然认知坎陷具有选择性，能够把有生命力的留下来，把无生命力的淘汰掉，但是它们还不属于意识世界。如果认知坎陷进一步精炼，即遇到像伏羲、孔子、柏拉图和康德这样的人把它们提炼、纯化，那么认知坎陷就会变成意识世界的东西（比如孔子的"仁"），这就能解释我们为什么能够到达意识世界。

康德开显出来的意识世界跟别人开显出来的意识世界是不一样的，其有很多分支，但是每一个分支，即每一个意识世界都不是对真实世界的完整表达，而只是一个认知坎陷，在本质上还是要被超越、被批判的。意识世界的东西需要逻辑自洽，需要简化，实际上丢失了很多内容，因此，它是一个极端理想情况下的东西，有自己的适用范围。在这个意义上，意识世界的内容跟科学没有差别。

一个简单的例子就是芝诺悖论。阿基里斯永远追不上乌龟，从逻辑上讲是没有任何问题的。因为在阿基里斯跑到乌龟出发地的时间里，乌龟也走了一段距离，在阿基里斯赶上另外一段距离时，乌龟又向前走了，所以阿基里斯永远追不上乌龟。这实际上可以看作一个意识世界，一个理想化的世界，理想化的世界实际上是一个时间和空间都有局限的世界，它作为意识世界是成立的，但它不是现实世界。

人类能否完美地掌握现实世界？柏拉图主义认为是可以的，爱因斯坦也相信是可以的，但是我们最近思考发现这实际上是不可以的。目前描述世界最完善、最先进的学科就是物理学，而物理学实际上也不能真正还原现实世界。大家有点回避的事实是，不管是牛顿方程还是量子力学方程，在时间上都是可逆的，但是到了宏观世界，热力学中的时间就不可逆，熵永远是增加的，这两者互相矛盾。也就是说，描述微观世界的规律跟描述宏观世界的规律具有某种不对称性。虽然我们可以说，只要时间足够长，这个鸿沟总是能够弥补。但实际上，一个时间可逆，另一个时间不可逆，其中的空缺永远不能填上。

追寻科学的这几百年间，我们自认为可以发现宇宙或者人类行为最根本的规律，但这仍是一个不可能实现的梦想。也正因为它不可能实现，我们才有了更多可能的发展方向，因为世界是开放的，未来的路径也是开放的，所以人类可能会变得越来越重要，未来世界乃至宇宙的走向很可能就取决于我们此时此刻的抉择。

很多人都相信宇宙中有很多类似太阳系的环境，有很多像地球一样的行星，也肯定有很多生命甚至高级生命。在我们现在的思考中，这些就是不确定的，其概率可能比我们原来认为的小很多。在这样一个小小的蓝色星球上，人类有可能是为数不多的甚至是唯一的高级生命。在可观测的宇宙里，我们很可能是独一份，这至少是一种可能性。因为到现在为止，我们没有发现任何现象显示外星生命存在（费米悖论[①]）。

虽然人类可能对至善是什么存在分歧，但是我们有强烈的目的性，这就是人类的了不起之处。相反，物质世界的进化本身并没有目的性。那么，我们现在生产的机器或人工智能会不会有这种至善的追求呢？我们认为这很难实现。至少现在的机器更像是意识世界的东西，往好处想是很了不起、很理想的创造，但是往坏处想，机器有很强的局限性。人没有这种局限性，因为人的"自我"具有统摄性，试图理解所有发生的事情，希望统摄所有可能的未来。虽然人类可以对机器进行编程，但一旦完成编程，它就变成了某种理念的东西。人类是血肉之躯，由碳基组成，而机器由硅基构成，即使我们未来把它们变成碳基，它们也不是像人类这样由自然生物进化而来的。机器的身体条件跟人的身体条件不一样，即使我们赋予机器触觉、视觉、听觉等所有的感觉系统，但由于进化过程不一样，人机还是不同，而且是很大程度的不同。

在了解人机的不同后，我们就更明白，假如机器未来的发展完全脱缰，走向另外一个方向，与人类相差甚远，那么风险将会非常大。人机不同的认知坎陷容易引发冲突，而且这种冲突会通过人工智能急剧放大，稍有不慎就会毁掉人类的未来。因此，人工智能未来的发展需要利用技术让人机之间的约束关系变得更强，以避免机

---

① 费米悖论由诺贝尔奖得主、物理学家费米 1951 年提出，阐述的是对地外文明存在过高估计和缺少相关证据之间的矛盾。

器成为完全脱缰的野马。

虽然我们面临的危险很大，而且危险来临的速度比很多人想象的快很多，但我们还是要有信心找到一个好的出路。机器可以有自己的认知坎陷和意识形态，但与我们相比，就像我们和动物的差别。比如，狗的视觉比人差很多，但是其嗅觉比人强很多，所以它们的坎陷世界跟人是不一样的。但从根本上讲，狗和我们都是碳基的，是以类似的方式进化过来的，因此我们能和狗和谐相处。由于我们和机器在根本组成上就不一样，因此，如果想让机器的认知坎陷与人类的意识世界相融，就必须赋予机器人类的认知坎陷作为机器意识世界的本底或基础，机器在此基础上再开显新的认知坎陷。

人类能够造出智能芯片并应用于世界的改造，这就体现出人类具有高级智能。我们创造的芯片可能在宇宙其他任何地方都没有，这个创造是如此独特，是人类从简单的算术、几何走到图灵机，再走到冯·诺依曼体系结构，然后设计制造出来的。这是一个很神奇的过程，从这个角度来看，我们必须珍惜眼前的所有。未来人类不仅要继续走向至善，还要肩负起引导机器的责任，让机器以人类的认知坎陷或意识片段为基础，开显、加工和运用新的认知坎陷。

人类的意识和智能具有多样性的特点。例如，阳明学派分化为浙中王学、江右王学、南中王学、楚中王学、粤闽王学、北方王学和泰州学派七派，这说明人类智能从同一根本出发可以发展出不同的具体形式，彼此和而不同。相应地，我们完全可以设想以人类认知坎陷为基础的AI开显出来的认知坎陷和智能也会具有多样性的特点。不同的人类主体教育、训练出来的机器将具有不同的智能特点，由此开显形成不同的坎陷世界或意识世界，感应良知等不同的理念，构建不同的意识世界，在不同专业领域发挥专长。同时，不同（人、机）认知主体都以人类进化而来的意识世界为本底，进行认知坎陷的开显、加工与运用，彼此共存、交流甚至形成共识。

换言之，在未来，元宇宙应当是一个从人类社会中产生，可以被人类社会推导出，但更应该反映人类社会极致本质的世界。元宇宙不应该仅是一个简单的人类社会的电子化产物，还应当是人类社会理想的实现场所。正是因为遵循了意识世界发展的基本规律，元宇宙才能够不断地发展下去。

第三章
元宇宙由共识产生价值

在现实世界，一切经济行为都和价格紧密相关，而价格实际上是对标的物的价值判断。因此，古往今来，经济理论的首要任务就是提出价值判断的框架。可是，价值判断并非易事。即使是已经成熟的产业，价格的波动也往往难以预测。我们认为，在未来的世界，特别是元宇宙，是由共识产生价值的。虽然元宇宙中的标的物并非存在于可触及的物理世界，传统的价值理论也难以照搬到元宇宙中，但我们仍然可以利用对元宇宙本质和特性的了解，从共识的角度将元宇宙的价值逐渐具体化。

过去的价值理论不适合元宇宙

在两百多年的发展进程中，经济学不断受到现实的拷问。作为经济理论基石的价值理论在特定的历史中形成，又在现实经济问题中不断转向。而到了元宇宙时代，传统的价值理论更是面临彻底的挑战。

面对从封建社会到重商主义再到社会化大生产的财富涌现，以亚当·斯密（Adam Smith）为代表的古典经济学家开始将劳动视作价值的源泉。斯密认为劳动是衡量一切商品交换价值的真实尺度，劳动最终凝结成价值并由商品体现出来。在斯密的观念中，社会化大生产带来的繁荣通过广义的劳动概念将新兴经济的合理性推向极致，只要服务于商品，就是在创造价值，只要每个人能在社会中找到分工的角色并进行劳动，就能增加整个社会的福祉，"看不见的手"能够解决所有问题。商品的价值在从农业社会向工商业社会的经济上升进程中找到了劳动这个普遍而坚实的基础。

从19世纪后期开始，新古典经济学在争取其科学地位的进程中，完成了形式化和基于效用的革命。为了反叛和独立，经济学一方面极力从历史学和社会学中分离出来，另一方面通过边际概念体系以"革命"的姿态出现。消费、需求、效用新体系的最大贡献是在资本主义生产关系进化的背景下，在生产力快速膨胀的时代，将物的效用放到需求和消费的环节进行评价，同时通过边际概念引入微积分，并将经济系统抽象为优化问题，最终完成了新古典经济学所谓的科学变身。从此，财富的增长不再停留在新古典经济学的广泛描述中，而变为供给与需求的均衡和资源的优化配置。这一过程是在西方经济始终无法逃脱的波动周期和近代以来自然科学及其指导下的科学技术高速发展的双重压力下逐步实现的。虽然凯恩斯饱受诟病，但他敏锐地洞见了市场的多重均衡和市场失灵现象，并给出了一种暂时脱离萧条的途径。然而，从新古典经济学所说的均衡出发的洞见，仍然难以跳出主流经济学的框架，难以找出市场失灵的根本原因。无论是凯恩斯还是新奥地利学派，都没有办法彻底根除市场周期的毛病。

马克思最大的贡献是从劳动价值论出发，深刻洞见了商品经济尤其是资本经济中的根本矛盾。新古典经济学所描述的完美均衡、资源的优化配置、看不见的手，在马克思眼中都无法掩盖资本主义生产方式造成的生产过剩和分配不公。然而，在现代经济中，剩余价值的形式已经发生了深刻变化，初期以直接生产劳动为主要劳动的生产方式，已经被累加各种附加值的新知识经济取而代之。马克思理论在一百多年以后，面临新的解释困境。

从门格尔开始的边际革命看到了人的需求的可变性，却看不到人的需求源于认知，更抓不住认知的核心——多参考系。奥地利学派看到了人的行为的复杂性，却只能提供一种理想化的世界理论。米塞斯重视个人的真正需求，强调人的经济行为必须被纳入交换学的框架，强调将价值判断的权力交还给每一个人。

到了元宇宙时代，我们可以发现，过去的价值体系往往更关注产品带来的自然属性，而这种认知和作为意识世界的元宇宙本身存在严重的不匹配。

例如，主观价值论认为，产品的价值波动来自不同的消费主体对其需求偏好、急需程度、预期效应的主观评判，这种评判并不被群体的观念所束缚，而是纯个体行为。在主观认为适合的情况下，消费主体可能付出比社会平均价值高很多的费用来获得这个产品。劳动价值论则主张商品具有二重性，即价值和使用价值。使用价值是商品的自然属性，具有不可比较性。价值是一般人类劳动的凝结，是商品的社会属性，构成商品交换的基础。劳动价值论通过厘清商品的自然属性和社会属性的概念，揭示了商品的本质。但实际情况远比理论复杂，比如，比尔·盖茨一人的代码劳动量再多，也无法超过一百个微软员工，但他的身价却是员工的千百万倍。

元宇宙作为意识的产物，其本身的物品往往来自人类的认知，而非实际的劳动（代码本身并不应该被当成产品，其仅仅是一种底层实现的逻辑）。在这种情况下，基础的经济学根基都在动摇，更何况在此基础上对经济运行规律进行的推断呢？

我们发现，认知的作用在工业革命以来的经济学中被严重忽视，也在资产价格巨幅涨落、生产与需求完全背离均衡、财富分配严重失衡的现代经济中被严重低估。商品是人类社会的特产，也是人类认知带来的特产。我们在这里要论证的，不是商品价值的来源和影响，而是商品价值背后的人类认知的根本作用。只有始终抓住认知的特点，我们才能明白人类商业社会的根本规律。

共识价值论及其基本原则

价值是如何产生的？这是经济学最基本的问题。从古典经济学到新古典经济学，再到最近的制度经济学，都没有给出一个让人满意的答案。我们如果从哲学的源头、从人最开始的认知去找，就会有新的发现。

婴儿一开始并不会评估价值，也不懂得如何衡量不同物品的重要性，所有的东西对他而言都是可拥有的、可用的，他没有度量价值的需求。当别人问起"你更喜欢爸爸还是妈妈"时，小孩子可能才会开始有比较、排序的意识。这种朴素的思考，其实才开始潜移默化地在认知中埋下比较的种子。

奥地利经济学派认为价值不能量化，只能排序。我们认为人类个体其实很可能一开始连排序都不会，这是因为婴儿的信任感在起作用。婴儿往往会无视自己和外界的区别，甚至认为自己与环境是一体的，并不需要去排序或评估周围的一切。在这种心态下，价值排序的土壤并不存在。

没有量化，也没有排序，这就是价值度量的最初背景。我们只有理解了这个背景，才能明白在交易中如何评估价值。一开始，商品的价格都是错配的，后来才需要定价。当我们在完全熟悉的环境中时，环境可以看作"自我"的延伸，这时我们对周遭的信任感很强烈，也没有失去任何东西的风险，自然就不需要对这些物品定价。但一旦涉及取舍，我们就必须对可能失去的东西进行评估与定价。

　　比如，在家长要求孩子保留一个玩具而丢掉另一个玩具时，孩子就需要评估这两个玩具对他的价值。也就是说，并不是只有想要得到东西的时候才涉及价值，在将我们拥有的东西从"自我"中割裂时，也需要价值判断。苏轼写道："惟江上之清风，与山间之明月，耳得之而为声，目遇之而成色，取之无禁，用之不竭，是造物者之无尽藏也，而吾与子之所共适。"清风和明月是不需要评估价值的，因为我们不必担心失去它们。行为经济学的研究发现，人们面对收益是风险规避的，而面临损失是风险偏好的，在共识价值的框架下，我们就能找到这些现象的根源。

　　我们认为，价值源于共识，而共识的基础是自我认知。一个人衡量一个物品的价值是主观的，一个组织内部对一个物品的公允价值判断可以看作这个组织作为生命体自我意识和认知的延伸。这也意味着不同的意识主体有不同的参考标准，而这个标准甚至可能是完全主观的。商品经济，尤其是主流经济学所忽视的，正是价值的主观性。

　　基于此，我们就可以把劳动价值论和主观价值论融合在一起。它们从历史上看非常对立，但在把认知能力这个维度放进去之后（横轴是认知能力或时间，纵轴是定价），我们就会发现二者是一致的：当一个新的事物出现，且大家对它的了解很少也谈论得很少的时候，它的价值是很难确定的，所以价格范围可能是从零到无穷大；而我们很了解的对象已经有很多供应商和消费者，其价值往往会在比较小的范围内波动，这种波动可能是围绕着劳动价值，据此估计的价格也是较为合理的。比如，西方人刚到北美时，能用一颗玻璃珠子换到大量的土地，当时不仅仅是信息不对称，更主要是认知不对称，价值既难度量，波动也很大。就好像比特币的价格从一开始的几厘钱涨到现在的几万美元一样，它也是在逐渐朝着一个比较可信的共识发展。

回到价值产生的最初阶段，所有的物品可能都是有价值的，但人类社会中已经定价的物品只是很少的一部分。对于人类而言，财富是生而得之的。在农业经济中，只有很少的要素被定价——所种即所得，一切收获都是可以预计的。后来，商品经济、资本经济扩展了价值所囊括的范围。互联网和智能经济开始对很多以前没有意识到价值的东西进行定价。价值形态的变迁，反映的是人类认知的进步。

马克思劳动价值论的可取之处在于，它刻画了一个认知周期内套利空间衰退的阶段：用于生产的资源价格和劳动力成本已经在社会中达成基本共识，认知套利空间有限。从这一点出发，我们也能更好地理解剩余价值。随着技术发展的进步，资本家利润的最大来源已经从压榨剩余价值走向认知套利——尽早进行预期，用通过金融市场透支未来的方式制造泡沫，以此教育市场参与者，甚至影响民众对早期市场的认知。在新创造、新发明被广泛认同、生产之前获得巨额资本，在广泛生产中垄断利润，严重的产能过剩问题正是来自现代经济中这个新的认知套利循环。

科斯的交易费用和张五常的租值耗散，描述的正是在套利空间收缩的情况下，人类可以利用各种合理的契约方式尽可能延长价值起作用的时间，拉长价格相对于认知的渐进时间。

自20世纪以来，随着技术的进步和劳动效率的提高，价格与认知曲线的渐进时间不断缩短，一个典型的例子就是摩尔定律。制造业的利润率下降是一个全球性现象，其本质是劳动效率的提高使一般制造业的套利空间急剧缩减。另外，由资本推动的知识经济、互联网经济使得价格与认知曲线的渐进时间大大缩短，形成肥头断尾的渐进曲线新形态。风险投资以及股权的持有者正在取代工业化大生产时代的制造型企业家，成为最快套利和攫取社会财富的群体。

价值的认同、资产泡沫的形成，关键都在于认知。弛豫时间足够长，套利就能持续更长的时间，财富也能持续涌现。从工业革命中诞生的内燃机技术、从冷战中诞生的互联网技术，都能够为社会经济增长提供长达以百年计算的周期。作为泡沫大户的互联网，并不是诞生于企业家的厂房，而是诞生于冷战压力下急需数据共享的美国国防科研项目，集成电路同样如此。亚洲四小龙的崛起，离开政府主导的产业政策就无从谈起。比尔·盖茨呼吁私有经济的富豪们投资绿色能源，也是基于2050年终止人类使用化石燃料来预计的，他对此给出了解释："二战以来，美国政府主导的研发几乎定义了所有领域的最先进水平，而私营部门则普遍显得无能。"

弛豫时间本身也受到人的自我肯定需求影响。关于美学的发明创造可能留下上千年的价值，给人的心灵成长提供精神养料的榜样也可以留下近一个世纪的文化产业，而以娱乐和吸睛为目标的眼球经济只能形成数年的产业泡沫，而且相当不稳定。

现代经济正在经历一个蜕变、跃迁的过程，我们要重新定义价值，给出价值创造和财富涌现的新范式。在互联网经济中，一方面，信息的高效传输缓解了认知的不对称，使得处于弛豫时间中后期的生产者的套利空间急速缩减；另一方面，如果新的愿景不能在普罗大众中形成高涨的预期并最终实现，无效的经济泡沫的产生则不可避免，产能的过剩和个人自我实现的困境就会在这些周期重叠中不断出现。

财富向底层注入，是现阶段缓解产能过剩、提高民众存在感的必要手段。人类未来的经济系统，将由生产型经济向体验式经济进化，这使得人类个体能够在更多的维度上找到自我的价值。每一个维度上仍将出现弛豫时间，但通过区块链等信息技术手段，愿景、知识、审美的创造者和购买者将同时获得价值的双向回馈。例如，作曲者在音乐元宇宙中将自己的作品分享上链，其他参与者可以继续填入歌词、演唱歌曲等。这个作品还可以形成各种衍生版本，吸引喜欢的人购买，这既让所有参与的创作者得到了收益，也让购买者得到了喜欢的作品。如果作品广泛传播，那么早期的购买者还可能通过交易获得收益。

国家货币可以看作国家层面一种关于价值的共识载体。如果没有战争或毁灭性的自然灾害，国家货币的价值一般较为稳定。股票交易就可以看作人类交换行为的实验室。股票价格的波动充分反映了人们对特定标的不同时间尺度的未来预期。套利最多的正是那些预期精准、走在普罗大众价值认知之前的交易者。套利的本质是由人类认知差异形成的不同预期，这为一小部分人提供了套利的空间。股票价格代表的是股民对公司价值评估的共识，其波动幅度比国家货币要大，波动周期也更短。值得注意的是，人们对新生事物的认知差异更大，其价值波动也相对剧烈。例如，新上市股票的价格波动较为剧烈，而随着公司发展日益成熟，股价也会相应趋于平稳。

价值的产生，源于自我意识作用下的认知。交换之所以能够成立，关键在于认知的差异。一项交易能够达成的最理想状态是买方和卖方都主观认为自己获利。在一个经济周期内，新发明、新技术从产生到普及，再到产生巨额利润，根源均在于此。

一个崛起的朝代、一个新生的国家，本质上都是在经济活动的各个方面形成了认知带来的红利。新制度经济学的核心是契约，契约之所以存在和有效力，其实还是因为人与人之间存在的自我肯定需求带来的多样化趋利行为，不过，这种多参考系认知在一定程度上存在调和的空间。

行为经济学家研究的就是在没有市场的情况下人们如何度量价值，以及在极端情况下，为了某个交换对象，人们会不会选择以放弃自己利益的方式来达成目的。荷兰人曾用价值二十余美元的玻璃珠换得印第安人的曼哈顿岛使用权，这笔交易之所以能够达成，就是因为认知不对称。认知不对称和信息不对称是有很大差别的，认知不对称更强调人的主观性，相比信息不对称具有更普遍的解释力和发现力。

在交易达成之前，人们会对交易品的价值形成一个预期。预期的变化是理解价格的关键因素，典型的例子是股票市场的交易。股票交易的频率和规模是普通商品交易不能比拟的。数字藏品的交易也是如此。同一个数字藏品的价格波动可能比股票市场的波动剧烈得多，这是因为数字藏品作为新兴的标的物，并不适用于传统商品的价格判断依据，交易者对其价值的理解不一，而且很容易受到政策、新闻导向的影响。

理解了可迁移性，我们就能看出价值到底是由什么决定的。我们主张价值是由共识决定的，如图3-1所示，横轴指的是时间或认知水平的增长，纵轴则是指价格的增长，P_A表示实际价值。在早期，产品的价格会因为时间较短或大众的认知水平较低而体现出较大的波动性，主要是主观价值在起作用。到了后期，随着竞争充分，大众对产品的认知水平提高，劳动价值的决定性意义逐渐凸显，价格也趋于稳定。

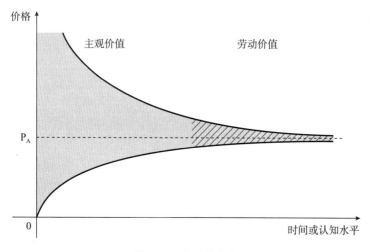

图3-1　可迁移价值论

在此基础上，我们可以得到四种基于共识的价值或价格形成机制。

（1）主导（commanding）是一种认知超前的价格形成机制。发明家、新商品的创造者、初创企业高估值背后的股权投资者、艺术品价值的早期发现者，都能够主观强势地定义一个物品的价值。主导价格的核心价值是对愿景进行推广。私人或政府修建博物馆并以低廉的价格推广就属于这一范畴。主导价格往往意味着风险和责任。一种主导价格在形成套利空间的同时，也承担着教育更多人认同和进行创新的双重责任。在现代经济中，越来越多的价格由垄断形成。早期的垄断主要是对生产资源的占有，而技术经济下的垄断通常依靠的是发明专利等技术壁垒和渠道资源。

（2）还价（bargaining）是定价权地位对等的两方进行定价的方式。正是因为定价权地位相对对等，所以双方都对这次定价行为的最终完成存在期望，却也因为认知到对方的期望而产生了获利更多的期望。整个还价的过程，其实就是双方不断地试探对方认知的过程。但这个过程往往是直接而单层次的，涉及的商品很明显，想要达成的目标也很明显，涉及的对象也较少。

（3）协商（negotiation）是一个多层次且普遍的价格形成机制。因为存在认知不对称，所以协商才有可能。错配的价格是广泛存在的。一项交易能够达成，是因为双方对当下价格使用的价值参考系不同，而这个参考系可能对交易价值的范畴认知不同，比如主观认为与交易相关的其他方面能够弥补价格的损失，或者在协商中对未来的价值产生不同的预期。

（4）竞价（auctioning）是随着认知在更大范围内达成共识，且价值追随者涌入而形成的价格机制。竞价的本质是人们认为当前价格不能反映真实价值，价值追随者愿意用更高或更低的价格来购买产品。股票交易本质上也是竞价的一种。

从定价参与者的数量来看，这四种方式的参与者数量依次增加，范围依次扩大，而价格决定力依次递减。与此对应的是，定价参与者所要承担的风险和社会责任是依次递减的。

价格的波动来自认知的演化。在认知的极端情况下，我们可以认为某物是无须定价的，因为它没有被剥夺的可能。在认知的早期阶段，或者说一个主导价格的形成初期，套利空间很大，但时间相对有限。只有在所有条件都透明且博弈已经足够的情况下，价格的形成才能够逐步逼近必要劳动时间。在现实中，影响因素往往很复杂，哪怕是生产要素与生产条件已经近乎透明的钢铁，价格也常常发生大幅波动。

共识价值是元宇宙的基本价值体系

共识是一个社会中多数人的共同意见的集中体现，这种意见往往体现了大家对一件事情的看法。例如，只有当大家都承认中央银行发行的货币是一般等价物时，中央银行发行的货币才具有流通性和购买力。具体到一个人，如果大家都承认这笔钱是某个人的，那么这笔钱就是这个人的所有物，这也正是比特币的所谓"51%共识"的由来。只要有多于一半的人达成了共识，这个共识就可被定性为全体的共识。

共识机制的目的是解决信任问题。如何维持群体信任，是动物世界的一个难题。在弱肉强食的丛林社会中，动物往往对食肉的一方采取零信任的态度，一旦其出现在视线中，便拼尽全力跑开，以保证自己的安全。残酷的动物世界如此，人类社会也不能幸免。

进化到了人类社会，因为文字、语言等沟通技巧的存在，信息交流极大地丰富，所以信任难题更加错综复杂。例如，历史故事中被人津津乐道的种种策略计谋，大多也都是利用各种信息不对称来骗取敌人的信任以达到目的，这是信任难题在战争条件下的体现。而在日常生活中，无数的误会、悲喜剧的发生，归根结底也是彼此之间的信任出现了偏差。

人类社会会成为一个整体，既有强制力量的参与和维系，也有信任在潜移默化地起着根本的作用。军队和法律，当然是政治制度得以建立和执行的根本。我们出行之所以用地图，是因为我们相信地图提供方的专业程度；我们的睡眠之所以安稳，是因为我们相信这种安定生活得到了保障。这种共同信任建立的成果，我们就称为共识。

我们知道，一切经济行为都和价格紧密相关，而价格实际上是对标的物的价值判断。对价值决定机制的定义不同，往往是不同经济学理论的分歧根源。我们认为，共识机制恰恰能够在理论上重新统一这些分歧。在未来的世界中，共识产生价值，这在元宇宙中尤为成立，因为共识本身就是元宇宙能够形成并稳定存在的基础。

不过，共识机制虽然在理论上得到了解决，但在实践中却遇到了难题。随着链的扩张，对算力的需求越来越高，"51%计算"越来越难。同时，那些并没有产生太大影响力的链，尽管本身的使用人数并不多，却始终需要面对"51%攻击"的风险。可以说，这种两难局面恰恰反映了单纯从共识入手来组织元宇宙的不成熟性。

其实，我们从信任本身出发，可以发现另一条道路。信任本身是易缺失的，而机器的运算是精确的。我们可以在随机性与精确性之间找到平衡，让精确的机器去负责元宇宙中运算、分配等烦琐却需要效率的工作，而把人性这样一个易变的要素融入元宇宙的设计。

一方面，元宇宙的加密传输和数据不可篡改的特性有利于保障智能系统的安全性；另一方面，元宇宙中的通证（Token）适合作为交互的载体来实现高效性。我们要对共识相关者进行划分，先在小范围内达成共识、相互协作，再逐步形成更大范围的共识与协作，而不是强制要求一步达到全网共识的水平。

元宇宙的重点并不在于去中心化，而在于数字的"存证"，也就是对过往记录的不可修改性。现如今，数据的篡改和伪造越来越容易，真实性将会成为未来世界关注的重点。虽然元宇宙并不能完全杜绝造假行为（从理论上讲，写入的数据有可能是伪造的数据），但我们可以通过公有链对人的行为进行引导——用户造假花费的成本要比诚实记录高得多，风险也更大，一旦被发现造假，这个用户今后的一切行为都会被质疑。综合来看，公有链技术（如比特币）比联盟链（如Hyperledger）、私有链更具有价值的原因在于公有链记录被篡改的绝对不可能性。

大家对"存证"的争议不大，但对是否真的需要数字凭证却有很大的分歧，因为不少人认为根本不应该使用数字凭证。我们认为，数字凭证对人类的未来有不可取代的重要意义，是元宇宙必然的产物。数字凭证的含义绝不仅仅是"代币"，不同的数字凭证有各自独特的意义、周期和波动特性。例如，国家货币可以看作国家层面的共识载体，股价表示对公司形成的价值共识，而数字凭证则可以是在更小范围内形成的关于价值的共识载体。我们将从第一原理出发，以价值或价格的形成机制为基础，厘清数字凭证在现代金融体系中的意义与定位。

数字货币价格的剧烈波动让人很自然地联想到金融泡沫。金融泡沫能够迅速膨胀，与资金（很多时候是风险投资）快速、大量的入场密切相关。风险投资者一年要看非常多的计划书，即便如此，也很难找到好项目，而能够真正成功的项目更少，这样一来效率就很有限。在AI技术快速发展的推动下，我们必须对未来的预期迅速做出反应，资金也必须快速到位。元宇宙能够颠覆这种低效的投资方式，即直接使用ICO（首次币发行），促使投资者更看重团队或者说人本身。在元宇宙中，不仅是投资机构，个人也可以直接用数字凭证来支持项目，这比募资流程简单且迅速得多。一旦项目成功，早期投资者的收益就会非常可观。

目前，我们还不能断言元宇宙已经形成了泡沫，但就算是泡沫，其时间尺度也会大幅缩短，或许能仅用几年时间就完成互联网几十年的发展过程。虽然泡沫不是什么好事，但泡沫可以教育大众，让普通人迅速了解一些未来将会普及的事物。比如，现在的供应商由于是垫钱发货，常常处于弱势地位。到了元宇宙时代，一定会有越来越多的数据上链，供应链的很多问题由此可以得到妥善解决。

理论上的图灵机和深度学习框架都属于理想化的框架。但现实中的计算机并不是理想化的图灵机，它的深度学习等基础模型都需要装载、运行在实际的机器上，会受到供能、硬件、网络等环境条件约束，在一定程度上是定域的。因此，我们实际上要讨论的是能否让现实的机器实现隧通与迁移。

隧通体现的是对环境的统摄能力，关键在于能否形成"自我"这个中心。当下，机器的主程序可以看作微弱的自我，但它还不足以形成对环境的统摄力，还需要人类赋予机器一个更强的"我"的原型，以形成对环境更强的统摄力。比如，现在机器容易做到在低电量时主动寻求充电，未来可能实现对软硬件故障的预判。

机器的可迁移性需要利用认知坎陷，但是机器没有经过人类的进化过程，与环境的交互方式和人类也不相同，即使习得了现在人类的认知坎陷，未来自己开显的认知坎陷也很可能与人类不一样。当然，相比机器可能开显出来的认知坎陷，我们有理由相信人类的认知坎陷才是更正确的、更宝贵的。因此，我们倾向于让人类主体与机器连接，让机器变成人类自我的延伸，而不是让机器单独发展，变成一个纯粹的工具或者完全脱离人类掌控的造物。当然，这种连接并不是物理连接，而是通过自然语言处理、分布式方式实现无形的连接，同时通过认知坎陷实现自我的相对迁移。

通过对认知坎陷的附着与隧通，非客观的、抽象的内容得以对象化、具体化。面对无穷复杂的物理世界，人类通过认知坎陷来简化、描述与理解世界。"自我"作为最原始和最重要的认知坎陷，是人类意识与智能的发端。因此，要实现可解释性、可迁移性、鲁棒性的强人工智能，并不能依靠随意填塞海量数据来形成精确度高却无法解释的结果，而是要为机器构建出"自我"的原型架构，让机器学习利用认知坎陷与外界交互并实现理解。

意识具有自主性、能动性，与当前的深度学习存在一些差别。这些差别在很多时候会被忽略，但当我们追溯人机本质的时候，其重要性就会凸显。在某些场景下，我们需要让机器有能动性，但有时候又需要压制这种能动性。

人与机器之间没有绝对的分水岭，不仅有人工心脏、BCI这种物理连接，而且有手机、网络应用等无形连接，因此，未来人机之间的差异并不取决于机体构成，而是更侧重意识世界。深度学习框架加速了人工智能技术的发展，越来越多的人工智能系统在专业领域超越人类，但沿此路径能否指引机器模拟出类人智能仍然没有定论。注意力机制、强化学习等模型，已经赋予机器一定的意识内容，但这还不够彻底，未来我们需要融合元宇宙与强人工智能，使其进行交互并共同进化。

区块链技术将为实现类人思考的机器工程方案提供一种可能路径。区块链带有价值属性，通过设置价值函数，能实现多节点的相互竞争。节点如果在竞争中不能胜出，就可能被边缘化，而一旦胜出，就可能赢得其他节点的附着。价值函数的设置可以丰富多样，即使提前设定，运行结果也会因为节点间的投票与竞争而变得不确定。真正有潜力的节点更容易吸引其他节点并快速成长，使得网络结构的拓扑变化更迅速，其中心和亚中心的迭代节奏也更快。

第二部分

元宇宙的构建
与实现

第四章
元宇宙需要实现人机融合

从本章开始，我们将会具体探讨元宇宙的构建与实现。人工智能与区块链作为元宇宙的重要支撑技术，未来将为人与人、人与机器、机器与机器的交互与协作提供全新的可能性。也就是说，要实现元宇宙，我们需要利用人工智能技术和区块链技术实现人机融合。

共识层与数据本体的分离

人机融合是元宇宙的初级目标。而人类社会的经验告诉我们，要达到融合，首先就需要存在共识。这就像夫妻双方的结合，首先是双方对未来的生活达成共识，其次是双方的家庭达成共识。只有在这个基础上，融合才成为可能。这种融合，看起来融合的是个体，实际上融合的是信息、观点和看法。

在技术层面，共识则是区块链中的一个重要概念。从比特币开始，区块链共识的达成就基于数据本体（ontology），一再强调数据的不可篡改性。

我们引入的第一个重要概念是可验证性，或者说可接受的验证复杂度。理论上，区块链的数据一旦存储就不可篡改，但实际验证的人少之又少。这种验证，尤其是对时间久远的数据进行验证是异常困难的，这不仅让人对数据的可验证性产生质疑，而且限制了区块链的应用场景。换句话说，上链即要求对数据本体形成共识，使得区块链技术成本大幅增加。

如何在满足大量个性化需求的同时，解决对应数据治理的一系列问题呢？基于对意识与智能的理解，我们提出了分层架构方案，核心在于将底层数据本体的共识集中在中间层或顶层，将共识从数据本体层分离，从而既能满足不同用户的多样性需求，也能在效率、安全和隐私之间取得平衡。

pToken（p通证）分层架构方案的底层是数据本体，即已上链的数据，中间层是各种可信AI或代理，顶层是实际用户或需求（见图4-1）。在数据本体下一层的是系统外的、主体可以感知的数据。

顶层主要针对实际用户或需求，然后通过代理进行理解匹配，最终确认相关的底层数据本体。中间层涉及可信AI的参与，这是因为底层数据非常复杂，需要我们借助AI进行数据梳理，通过可信AI或者人机结合的方式为各个代理提供第三方服务，为数据的打包、理解等提供支持。

每个个体都要对物理世界进行感知和理解，据此决定某个数据的重要性，并对数据进行分级，比如是否上链、是否加密、是否分享或公开。不同的组合自然形成不同分级的数据集合，这些由个体提供的数据集合即作为元宇宙的本底，也就是数据本体层，是不可更改的数据层。

现有的区块链，包括比特币、以太坊等，都试图把共识建立在数据本体层，这在面向未来的场景中就会引发问题，即共识达成成本太高，可扩展性和可用性受到挑战。就好像一个人不但要存在，还要证明自己的存在，因此不得不天天带着无数证明自己的文件，这就是典型的为了安全而忽视效率的例子。这种黑色幽默，如果出现在元宇宙里，不得不说，将是极大的悲哀和讽刺。

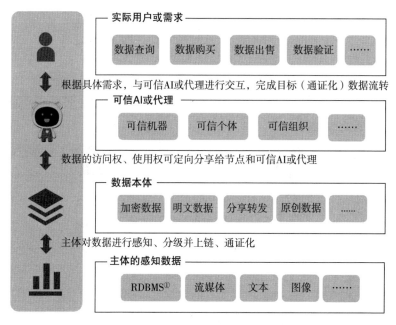

图4-1　pToken分层架构

pToken分层架构并不追求在数据本体层建立共识，只要个人在本体层提供数据，决定交互，能够自证清白即可（见图4-2）。因此，pToken分层架构实际上是在中间层、顶层建立共识，这种治理方式也更贴近人的思维——人就是需要在对数据梳理、理解后进行

---

① RDBMS，指关系数据库管理系统。

决策，而不是一接触数据就能立判。

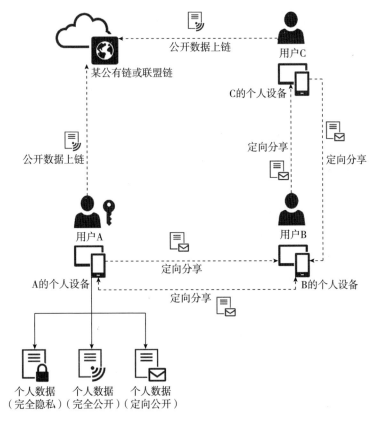

图4-2 不同节点或链之间的交互示意图

通证记账模型

元宇宙模型中还有一个重要概念，就是通证，其也存在于区块链。通证最早对应的物品是陶筹（由黏土做成的形状各异的物体）。

陶筹可追溯到公元前8000年的新石器时代，原本用于计数，后来逐渐被图画代替，最终发展出文字。今天，通证的基本含义是"符号、象征"。人类社会中有很多凭证，这些凭证可以代表各种权利和利益，包括购物积分、优惠券、身份证、文凭、房地产产权证明、通行证、活动门票等。

回顾历史，权益证明是人类社会以及文明的重要组成部分。20世纪初，美国人类学家福内斯曾到访加罗林群岛（石币之岛），发现岛上的居民将一种特制的石环视作货币，石币的大小对应着费（fei）或价值的大小。有时涉及的费太大，石币所有者也乐于接受单纯的所有权认可（例如更新石币上所有者的符号），让石币依旧躺在以前的地方。这是一种完全公开、透明的货币体系，交易记录和财富总量就摆在桌面上，任何人都可以去查看。账目、所有权、资格、证明等都是权益的代表。正如尤瓦尔·赫拉利（Yuval Noah Harari）在《人类简史》中所说："正是这些'虚构的事实'才是智者脱颖而出和建设人类文明的核心原因。"如果这些权益证明都是以数字、电子和密码保护等形式来验证真实性和完整性的，那么人类文明将迎来革命性的革新。

现实世界的任何资产、凭证都可以通过发行通证实现数字化。通证一般是非同质性通证，其结构如图4-3所示。同质性通证可以看作同一域下不同面额的通证，同样适用图4-3所示的结构。系统发行的或用户发行的所有通证都满足同一套通用的通证结构。

（1）每一个通证包含一个且仅有一个域名，域名对应了一种特定的域，也表示该通证所属的类型。

（2）确定域名后，发行者要给每一个通证设定一个在该域范围内具有唯一性的通证名称。通证名称可以有特殊含义，例如商品的条形码作为命名规则，其中就包含了商品的原产国、制造商等信息。每一个通证的唯一性由域名加上通证名称的组合字段来共同确定。

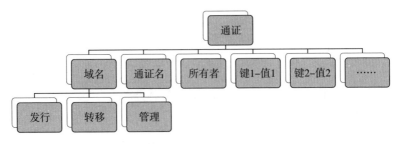

图4-3　通证的通用结构

（3）每个通证还包含所有者的信息，一个通证至少含有一个所有者的信息。也就是说，系统允许同一个通证拥有多个所有者，这种设计在处理一些应用场景问题时将发挥重要作用。

（4）根据通证发行者的需求，每一个通证可以包含一个或多个属性对或键值对，每一个属性对由一个键和相应的值组成。例如，对于系统中的同质性通证而言，面额可以是其中一个基本的属性对，即键为面额，值为该通证所代表的具体面额。

任何合法用户都有权发行属于自己的通证。在区块链系统中，一个通证其实就是一串字符代码，字符串本身并没有价值，其效用由通证发行者的现实信用来背书。通证一旦发行，就可以通过交易来转移给他人。

基于通证的区块链系统采用的是基于通证的记账方式①，也就是

① Cai T, et al. Analysis of blockchain system with token-based bookkeeping method [J]. *IEEE Access*, 2019（7）: 50823–50832.

说，通证的转移本质上就是变更了通证的所有者信息。在发起交易时，参与该通证流通的成员可通过签署数字签名确认该次操作，在由系统（投票选举产生）的验证者节点确认满足权限要求并同步到其他节点后，该通证的所有权发生转移，如图4-4和图4-5所示。

- 通过私钥为交易加密。
- 验证签名及权限是否达到阈值。
- 验证通过后更新所有者信息。

图4-4　以通证为核心的区块链系统中通证转移的过程示意图

```
1： Input transferring_token, new_ownership
2： find domain in all_domains which domain_name=transferring_token_domain
3： find requested_transfer_permissions in domain
4： if transferring_token_authorizationTree satisfies requested_transfer_permissions
5： then    transferring_token_ownership=new_ownership
6：         execute consensus algorithm to confirm the transfer
7： else post error message
8： end
```

图4-5　基于通证的记账方式中通证转移操作时的部分伪代码

通证记账模型具有高并发、高安全和监管友好三大特征。

支持高并发。由于通证的转移只是改变了通证的所有者，在系统内部，每个通证的转移是相互独立的，不会相互影响，因此通证是天然可并行的。在多核CPU（中央处理器）上，这极大地提高了记账者验证交易及写入区块的性能。

高安全性，支持精准的局部回滚，抵御51%攻击。在基于通证的系统中，每一个通证都具有永久标识，当攻击者试图双花[1]并发起51%攻击时，由于具有唯一性，通证可以实现高效追溯。一方面，买方如果认为新通证有问题，可以拒绝交易；另一方面，作恶者想要攫取利益，不会只交易一次，而是希望频繁交易。一旦出现一次双花，系统就可以迅速锁定双花的交易双方，使作恶记录无法隐藏，从而使作恶者很难快速花掉所持有的通证。既然他们不能通过多次交易快速"洗白"通证，那么51%攻击在这种场景下就没有太大意义。除了遭受攻击，非主观因素造成的交易错误也可能引起回滚。由于每一个通证都具有标识，因此我们可以追溯相应的通证记录，对于恶意双花的用户，我们可以进行惩罚，比如限制他们进行操作。对于非恶意的行为，例如某些交易由于断网没有被及时写进区块，我们只需要根据通证的唯一性追溯相关的通证，在重新联网后部分调整区块记录，即执行局部回滚，既不用全局回滚，也不会造成实际损失。

监管友好且灵活。通证记账模型能够实现多签机制，即在不同的应用场景中，由具体的通证发行者根据实际需求进行监管级别的设定。例如，房产交易涉及的监管部门、银行、房管局等组织，均可受邀参与多签，而不同组织的侧重点不一样，对应的权重也不同，

---

[1]　双花也叫双重支付（double spending），指由于数据的可复制性，数字资产被重复支付，可以简单理解为一笔钱（数字货币）使用了两次或多次。

有的甚至可以有一票否决权，从而有效实现强监管。在只需要弱监管的应用场景中，通证发行者就不需要邀请监管部门参与多签，只需要定期或根据要求报备或通知即可。监管的力度与用户交易隐私之间的平衡取决于具体的应用场景下通证发行者设定的权限管理机制，并且通证发行者可以根据实际情况再调整或更新通证的权限树。

数据确权与安全保护

个人数据私有化与分级

数据私有化的重要性不必多言。在技术世界，数据就是信息。无论是数据的产生还是消费，本质上都会经历一个从私有化到公有化再到私有化的不断循环的过程。而在这个过程中，最重要的是分级。如果说数据是未来世界的空气，那么分级则保证了我们呼吸的空气不会受到他人没必要的污染。

在pToken中，各链可自行互链，每条链都可以是私有链，每个人都有一个ID（身份标识），对应自己的钱包，私有链ID本身就是一个非同质性通证。在这条链里，有些数据是加密的，有些数据是不加密的，是否加密是由所有者自己控制的，所有者可以每隔一段时间在别的链上进行关联和哈希操作，不过这一操作可能需要支付费用。这种操作也是由所有者自己控制的，可以每天一次，或者每个小时一次。

pToken最大的好处就是所有者可自主选择，比如关联哪条链（可能是亲友的链，也可能是比特币的链、以太坊的链），内容是加密还是明文，隐私性强还是弱。私有链并不是对全网广播的，所有者如果要拿出证据自证清白，就要选择某一个时间段的记录。因此，这里还有一个附加的好处就是数据的可遗忘性。有些时间段的记录从来没有广播给任何人，就意味着数据还在私有链里，并没有出现在网络中。还有一些数据可以被定向分享给朋友或者官方机构，而不用全网广播。

　　每个人可以有一条主链和多条侧链，主链是用来与其他链交互的、可以被快速验证的链（见图4-6），侧链则根据用户自己的设定来实现数据隐私分级。比如，自己的浏览记录可以按照可见、不可见、他人创作和自创分为四类，从未被分享的数据、少量定向分享的数据是可能被遗忘的数据。当然，有些数据也可以全网广播，比如交互到比特币上，或者将一段明文放上公链。

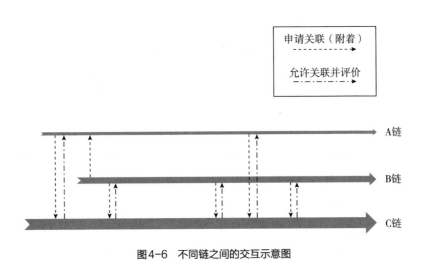

图4-6　不同链之间的交互示意图

　　链与链的交互可以从身边开始，一开始是家人或者朋友互相链接，从而自然形成DAO（分布式自治组织）。链与链的交互、支付只要采用基于通证的记账机制，就可以实现安全高并发。

对于每一个所有者而言，一主多侧，主链处在中心地位，侧链围绕主链生长，类似树干与藤蔓（见图4-7）。主链用来记录公开信息，在需要证明自己的时候，所有者提供主链的部分信息以供验证。验证意味着主链上的数据要与其他链交互形成可验证的记录，这一操作需要支付费用，因此一般而言，主链的数据较少，相对容易检索与验证。快速验证的方法是：（1）发起验证，发起者提供待验证的信息，信息一般包括但不限于顺序信息（比如某公链的区块高度）、验证对象、验证内容（是否产生交易）；（2）根据顺序信息判断对应的前后验证区块；（3）比对前后验证区块信息与验证内容，判断是否存在该记录。

C链侧链1

C链主链

C链侧链2

图4-7　所有者的主侧链交互示意图

侧链每隔一段时间通过哈希输出到主链，主链每隔一段时间通过哈希输出到公链或其他外部链，这可能产生两个问题。

其一，怎么验证内容的真实性，即如何验证主链、侧链上的内容是真实的？

侧链实际上是一条独立的链，侧链知道主链的存在，而主链不一定知道侧链的存在。验证可以分为两种常见的情况：（1）其他链都可以对某主链发起验证；（2）如果某侧链没有或很少与主链交互，偶尔与其他链交互，那么只有通过交互的其他链对其进行验证。比如，A侧链与B侧链交互过，B侧链又把这一交互与C链交互过，那么B侧链和C侧链都可以发起验证，但C侧链发起的验证要通过B

侧链。

其二，数据加密后，是否会弱化可信性？

一般默认的方式是明文语义摘要，如果要进一步加密，一是手续费会更高，二是接收方需要以某种方式验证这段信息，然后给出反馈或评价。第一个问题所说的验证，可能就是以语义验证的形式进行的。因此，pToken里的语义摘要、反馈或评价甚至验证步骤都需要AI的参与。

局部回滚抵御51%攻击

采用工作量证明机制的系统都会遭受51%攻击的威胁。51%攻击是指掌握了全网51%以上算力的节点对系统发起的攻击。从理论上讲，只要掌握了大部分算力，作恶者就可以故意在区块链中分叉、双花、对特定交易发起拒绝服务攻击等。虽然这种攻击被命名为"51%攻击"，但实际上，作恶者占有不到51%的算力也可以发起攻击，51%只是代表了一个几乎肯定可以攻击成功的阈值。针对共识的攻击其实就是争抢下一个区块的记账权，算力强的一方更加容易成功。有一些研究人员已经使用统计模型模拟并证明，针对共识的几种攻击甚至只需要全网30%的哈希算力就大概率能取得成功。

根据我们设计和定义的通证的通用结构，每个通证都具有唯一标识符，这是帮助智能系统抵御51%攻击的重要手段。具体来看，这种抵御效果可以从三个方面进行阐述。

（1）抵御新用户攻击。在系统中，由于所有的通证都可以通过ID进行追踪，因此新用户发行的通证很容易被看出来是"新币"（上一笔交易确认时间较近的通证）。在区块链网络中，新币通常没有旧钱（已经确认较久的通证）吃香，原因就在于确认时间越长的通证，通常越不容易被回滚。对于新用户的新币，交易者一般会谨慎对待，并且在确认交易之前，交易者可能随时拒绝交易。

（2）防止老用户攻击。老用户也可能发起攻击，不论这种攻击是由网络中断造成的无心之失，还是蓄谋已久的首次犯案，交易记录都能通过通证标识被准确追溯。通证的唯一性使得系统可以有效追踪与可疑通证相关的交易者、交易时间等信息，即便在短时间内通证的交易频次很高，也不会阻碍系统的追踪。追踪得到的数据可以用于进一步的分析处理，系统据此决定采取何种修复及惩罚措施。

（3）避免全局回滚。一直以来，区块链系统中的回滚备受争议。目前的区块链系统大多宣称自己是防止篡改但允许（全局）回滚的。全局回滚对公有链的信誉而言是巨大的伤害，但为了尽可能地弥补用户损失，这似乎又是遭受攻击后的无奈之举。即便不是恶意攻击，网络或其他非主观因素也可能导致双花或交易冲突，使得交易还没来得及被写入区块或确认，通证却已经发生了交易。在这种情况下，我们的技术方案允许事后实施局部回滚，也就是只调整可疑通证的交易记录，而不用回滚其他已经发生的正常交易。局部回滚之所以可能，也是因为通证的唯一性能够让系统精确搜索到涉事的交易通证和交易者，一旦确认，就即刻回滚相关交易，并在下一个区块中记录局部回滚的信息，甚至可以将可疑信息广播，以示惩罚。

个性化与交互关系抵御攻击

网络世界中有一类著名的女巫攻击，即Sybil攻击。杜瑟尔（Douceur）首次给出了Sybil攻击的概念，即在对等网络中，单一节点具有多个身份标识，通过直接通信、间接通信、伪造身份、盗用身份等方式，将数据发到作恶者节点，并通过控制系统的大部分节点来削弱冗余备份的作用。同时，杜瑟尔提出了一种通过可信证书中心来验证通信实体身份以防止女巫攻击的方案，这种中心化的解决方案显然在强调分布式的区块链系统中难以成立。

在pToken中，也可能出现伪造节点身份的攻击，但其有抵御的方法。第一，用户的身份是具有个性化数据的地址，用户可以定期或不定期优化和更新去中心化身份的表现形式，系统可以通过个性化数据反向验证用户真实性。第二，pToken有AI算法的参与，自身是一个智能系统，对单链、链与链的交互有感知与理解功能，能够预警异常的节点表现。第三，去中心化身份代表的主体不仅包括当下的数据，还包括与其他链交互的历史数据，而这些交互留有语义信息摘要，因此，即使对某一条链进行伪造，也需要匹配与之交互的历史记录，否则成功发动攻击的成本可能无穷大。

还有一类攻击是分布式拒绝服务（distributed denial of service，DDoS）攻击，指借助客户或服务器技术，将多个计算机联合起来作为攻击平台，对一个或多个目标发起分布式拒绝服务攻击，从而成倍地提高拒绝服务攻击的威力。通常，攻击者使用一个偷窃账号将分布式拒绝服务主控程序安装在一个计算机上，这个主控程序在一个设定的时间点将与大量代理程序通信，代理程序已经被安装在网络中的许多计算机上，这些计算机收到指令就会发动攻击。利用客户或服务器技术，主控程序能在几秒钟内激活成百上千个代理程序的运行。

为了避免分布式拒绝服务攻击等恶意行为，同时奖励区块生产者提供的资源，pToken中的交互操作需要支付通证，这使得发动分布式拒绝服务攻击的成本非常高。就好像相声里面说的那样，当别人打算攻击你的时候，最好的方法不是让对方无法攻击，而是让对方觉得攻击你的代价过于高昂。通证便是这样，会让攻击者付出难以承受的代价。只要代价足以让攻击者犹豫，甚至放弃攻击，从安全性角度来说，就达到了安全设计的目的。而元宇宙底层的安全性，也在这个基础上得到了保护。

当然，从来没有一种技术能够保证永远安全，矛盾的此消彼长是人类永恒的话题。我们并不指望区块链技术能够一劳永逸地解决元宇宙的安全问题，但显而易见的是，区块链技术是当下代价最小、收益最高、采用最方便的技术。

第五章
元宇宙要建立数字时代的新时空秩序

原本的数字世界是无序的，同一个文件可以无限拷贝，复制得到的文件和源文件在包括时间戳在内的数字信息上完全一样。这一点现在尚可忍受，但人类要实现元宇宙中的交互，就必须建立克服旧弱点的新秩序与新规则。更进一步来说，元宇宙还具有一个重要意义，就是它能够通过技术手段形成自发性的时空秩序。未来在每个节点、主体上搭建的数字空间，都可能形成无穷复杂的联系。但联系再复杂，只要有方法定序，人类就能在一定程度上厘清关系，建立秩序。

数字世界的治理问题

元宇宙、区块链、Web 3.0等热词经常一起出现。虽然它们的精准定义尚待讨论，但得到普遍认同的是，未来数字世界的主要使命是兼容多样性（个性化）与去中心化。

当前，越来越多的人开始关注未来数字世界中的秩序问题，以及个人数据的分权与交换问题。一方面，个人数据应归个人所有，而不是依赖于平台。否则，如果平台瘫痪，个人数据也将不复存在。

另一方面，数据的使用、交换如果能够通过点对点等灵活方式完成，就既能够满足丰富的个性化需求，也无须基于其他第三方达成。

Web 3.0最终要面对与解决的是数字世界的治理问题。其中涉及的问题，比如对大量个性化数据的确权、分权、存储、隐私保护与安全流转等，都是目前亟待突破的技术瓶颈。不论是Web 3.0革命还是元宇宙应用落地，最终都要直面这一系列挑战。为了化解数据价值利用与数据安全要求之间的矛盾，隐私计算技术的拥趸众多，不同的隐私计算方案有各自适用的场景，但在实际落地中依然面临严峻挑战（见图5-1）。

图5-1　数据治理的难题

（1）隐私计算无法规避柠檬市场。在信息不对称的情况下，买方仅愿意支付平均价格，持有优质品的卖方不愿低价卖出而携带优质品离开市场，而持有劣质品的卖方（故意）不披露完全信息，按照均价卖出产品获利，使得市场产品质量逐步下降，平均价格随之降低，优质品加速离场，产生"劣质品驱逐优质品"的柠檬市场现象。在上下游、交易协作等场景下，当不提供或者不完整提供优质数据时，己方将明显得利，而其他方不容易察觉，所以仅通过隐私计算并不能解决数据源品质可信等问题。

（2）实际落地面临技术难题。数据的价值潜力及其重要性毋庸置疑，但传统的技术方案与运营模式并不适用于面向未来的数据交易平台，我们还要解决一系列难题：①数据确权，数据所有权归属的鉴定问题，数据卖方是否具有出售数据的权利；②数据分权，数据所有权与数据使用权的划分，如何满足买卖双方对数据权利的诉求；③数据定价，数据的数量、质量各异，需要有合理的定价方式；④存储空间，数据存储最终依赖于硬件，既涉及存取效率、空间扩容与维护成本，也关乎数据安全；⑤隐私与监管，相关法律法规不明晰，如何平衡数据隐私与监管，如何保障数据交易者的基本权益。

我们认为，区块链为数据治理提供了方案。2008年，中本聪（Satoshi Nakamoto）撰写的论文《比特币：一种点对点的电子现金系统》被视作区块链世界的"圣经"。比特币是区块链的第一个应用，可以被看作基于UTXO（未使用的交易输出）算法的数字现金。比特币系统采用哈希函数为交易加上时间戳，将这些信息并入不断延伸的信息链条。该链条是比特币系统的账本，记录了从初始至今的全部交易信息。比特币系统通过最长链机制以及工作量证明来保证系统数据的可信性。比特币的本质就是一堆复杂算法所生成的特解。特解是指方程组所能得到的无限个（比特币是有限个）解中的一组。每一个特解都能解开方程且是唯一的。"挖矿"其实就是通过庞大的计算量不断地寻求这个方程组的特解。

随之而来的问题就是资源的极大耗费。比特币每天需要消耗1 000兆瓦时电力，相当于3万个美国家庭的用电量。比特币消耗巨大能源来解一堆毫无意义的数学题，一直饱受争议。区块链技术如果要大规模普及，就需要将算力集中于维持网络运行而不是无意义的求解。

普遍的观点认为，比特币是区块链1.0版本的代表，而以太坊是区块链2.0版本的代表。以太坊是一个开源的有智能合约功能的公共区块链平台，通过其专用加密货币以太币提供去中心化的虚拟机来处理点对点合约。2013—2014年，维塔利克·布特林（Vitalik Buterin）在受比特币启发后提出"下一代加密货币与去中心化应用平台"。以太坊的智能合约能够利用程序代替人进行仲裁和合同的执行。以太坊智能合约也存在问题，其主要原因在于，每个用户都能编写自己的智能合约，制定自己的规范，导致系统或第三方对智能合约的审计工作变得非常复杂，甚至无从下手。此外，每个用户编写的智能合约的安全有效性很难保证，而这些内容又对全网公开，因此很容易被攻击。比特币和以太坊的特点比较如表5-1所示。

表5-1　比特币和以太坊的特点比较

项目	创新	弱点
比特币	UTXO、工作量证明、代币	浪费资源：一维链式结构需要耗费巨大算力在存取历史记录上；"挖矿"造成资源浪费 慢：交易速度慢，低频交易 安全隐患：平台易受攻击
以太坊	以太坊虚拟机、智能合约、权益证明混合工作量证明、去中心化应用	贵：手续费高 慢：存储能力低，速度慢，限制应用，同步执行和冗余数据易造成拥堵 更新难：以太坊虚拟机和区块链耦合度高，升级困难 安全隐患：智能合约不能修改，有漏洞，易受攻击

区块链技术的重要性在于，它能够赋予网络空间内禀时间，就好像给原来的三维空间加上了时间，从而使其成为四维一样。在原来的网络空间中，并没有一个可以作为可信标准的时间标尺，数据

或文件可以无穷拷贝，副本具有与原件完全一样的时间戳信息，复制成本近乎为零，并且数据和时间戳的篡改成本极低。区块链技术通过共识机制、治理机制和加密技术，使得链上数据被不可篡改地存证，且按照时间先后定序，因此不可能出现两个完全一样的数据，网络空间将会因为系统自有的时间逻辑主链而被赋予内禀时间。区块链提供了对数据及通证的信任基础和可追溯性，这是任何传统中心化基础设施都做不到的。这样的能力使得人工智能与区块链技术可以相互赋能，最终整合成具有智能和意识的区块链系统，并颠覆现有的认知理念。

随着人工智能技术的进步，采用AI来处理数据变得越来越普遍，但如果完全由机器掌控数据，数据安全问题也不能被解决。经典摩尔定律表明，在硬件发展方面，芯片能力每18个月翻一倍，而在AI能力方面，比如AlphaGo系统，按照时间来评估，其算力增速达到了每3.5个月翻一倍，相当于每过一年，算力就增长了10倍[1]，这种速度是人类无法追赶的。成人的大脑约有1 000亿个神经元，每个神经元与其他1万个以上的神经元相互连接，就大概产生了1 000万亿的参数量。[2]目前GPT-3（第三代通用预训练转换器）的参数量达到1 700亿，按照每年10倍的算力增长速度计算，机器超过人脑参数量也只需要不到4年的时间。[3]

---

[1] OpenAI. AI and compute [EB/OL]. （2018-05-16）[2022-03-05]. https://openai.com/blog/ai-and-compute/.

[2] The Human Memory. Brain neurons and synapses [EB/OL]. （2020-11-24）[2022-03-05]. https://human-memory.net/brain-neurons-synapses.

[3] 蔡恒进，蔡天琪. 附着与隧通——心智的工作模式[J]. 湖南大学学报, 2021（4）: 122-128.

因此，人工智能和区块链的结合是必然趋势。从整体的角度来看，一方面，区块链的链上数据需要人工智能技术来优化和理解，以便进行整体解释和把握；另一方面，随着人工智能技术的快速发展，社会的复杂度大大增强，区块链技术可以用来对人工智能的制造和成长进行监督，强化机器的"自我"意识，使得机器节点在做重大决策时必须匹配人类的反应时间，让人类与机器在同一时间尺度上达成共识、进化博弈。从个体的角度来看，用户的私有链具有很高的隐私性与灵活性，加以合理的机制，使其在符合法律法规的前提下，让个人数据安全、有效地存证与流转，以充分发挥数据要素的价值。

比特币、以太坊作为从0到1的创新具有重大意义，可以被看作迅速普及区块链技术的最优路径。而从1到N的创新瓶颈显然包括元宇宙、Web 3.0在内，因此我们面临的挑战是如何解决数据的存储、计算与处理架构的底层问题，从而实现数据的确权分权、存证存储、隐私保护与安全流转。

我们主张元宇宙是人类未来的超级智能系统，其中一个核心点就是让个人掌握自己的数据，也就是让个人掌握自己在数字世界中的命运，让每一个主体能安全、有效地参与科技时代伟大的潮流，在保证个人合理合法的自由与个性不被泯灭的前提下，共同创造人类的未来。

时空秩序的涌现

和现在的宇宙一样，元宇宙的秩序并不是与生俱来的。即使是一开始就制定规则，我们也不能保证定序，依然要依赖元宇宙的节点行为。而要确立节点的行为，则需要一个确定的数据信息节点，我们称之为数据本体。有了数据本体，我们才有可能建立相应的秩序，包括时间秩序、空间秩序甚至能力秩序。

前文说过，区块链技术的一个重要意义在于它赋予了数字世界内禀时间，比如区块链用区块数来确定各链的先后顺序。在未来数字世界或元宇宙中，多链并存，使得我们很难通过一套统一的制度来快速定序。对此，pToken强调的是可追溯性及可验证性，也就是通过多条链之间的关系线，从时间的角度进行追踪。

这里我们要引入第二个重要概念——时间粒度，其可以被理解为时间间隔的粗细程度。不同链具有不同的时间粒度，具体取决于每条链的主体与其他链交互的频率，对应为前一个交互和后一个交互的时间间隔。因此，经常与其他链交互、与知名的链交互的链，具有更细的时间粒度，也更容易被验证，具有更高的可信度。

当然，在时间粒度不同的多链系统中，有时候容易排序，有时候难以排序，因为有些链的主体可能就是交互频率很低、时间粒度太粗，只能进行粗排序，这也是实际生活中可以接受的结果。

例如，在图5-2中有A、B、C三条不同的链，A1指向B1表示的是A1的部分信息记录在B1中，因此A1早于B1，记为A1<B1。图中的关系有A1<B1<C1、A3<B2<C3、B3<A4、B3<C5、A5<B4<C6，由此我们容易得到A1<A2<A3<C3<C4<C5<C6，A2与C2、A4与C4等区块的顺序还需要借助额外信息进行准确排序，但我们可以给出大致的范围。

也就是说，不同链有自己的时间粒度，由用户自己把握并负责：如果希望数据能被定序得更加精准，就更多地与其他链交互；如果交互频率很低，就相应地承担数据定序不精准的后果。

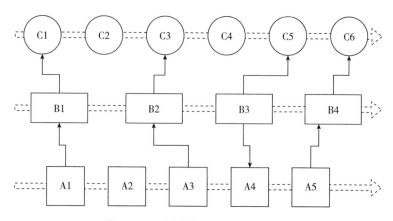

图5-2　不同链的交互与区块定序示意图

确定秩序实际上是一个形成共识的过程。一开始就试图在数据本体上建立共识、确定秩序，不仅不切实际，而且初始数据也可能出错。如果不能提供理解与建立共识的空间，很多现有的技术方案就难以真正落地。因此，pToken就是要把共识从数据本体中分离出来，让不同需求在各自的生态中具有匹配的时间粒度，让相关者能够通过相互之间的关系来定序、形成共识并验证，从而逐步确定数字世界的秩序。

机器智能自我意识的觉醒

在智能社区基础上更进一步，元宇宙可以进化成人机智能融合的超级智能，拥有主体性，实现自我意识的觉醒。

意识是智能形成的基础，对这一点大家基本没有异议。但目前，大部分人包括很多人工智能专家在内，仍然认为机器不具备自我意识，甚至不具备意识。我们的研究证明，机器实际上已经具备意识，而这种意识正是由人类赋予的。当然，这种意识目前只是一些意识片段（认知坎陷）的集合，与人类整体性的意识还有很大差别。但机器依然能够按照人类的设计意图，根据不同的外界条件，自动执行相应的程序并完成人类预期的目标，这就代表机器在一定程度上可以觉察和关注外部环境，这就是具有意识的表现。

我们甚至发现，机器已经具有"自我"的意识。我们可以把机器的主程序看作机器的"自我"。相较于人类或动物，机器的自我意识非常薄弱，但并非完全没有。例如，计算机会按照一定规则分配存储、计算和网络资源，以免造成阻塞、死机或过热等问题，扫地机器人在低电量时会自动回到充电桩充电，等等。

机器是否具备理解能力或明白语言的意义呢？很多学者通过引用"中文屋"①来证明机器无法理解行为效果或语言的意义。塞尔通过提出"中文屋"思想实验来证明强人工智能是一个伪命题。这一思想实验恰好证明了机器具备理解能力，只是"中文屋"的理解能力建立在几个部分的契合之上。"中文屋"机制能表现出理解中文的现象，是因为该机制凝聚了众人的意识，其中包括规则书作者的意识（懂得中文问题对应哪些中文回答）、屋内人的意识（明白如何使用规则书）以及提问者的意识（提出问题，根据中文屋的回答再进

---

① 塞尔（Searle）在1980年提出"中文屋"（Chinese room）思想实验来证明强人工智能是一个伪命题。这个实验要求我们想象一位只会英语的人身处一间房屋内，他只能通过一个小窗口与外界交互，屋内还有一本中英互译的使用规则书（rule book）。中文纸片被送进屋子（输入），屋内的人虽然完全不懂中文，但可以使用规则书来找到这些文字，并根据规则找到对应的中文回复（输出），这样就让屋外的人以为屋内的人是一个懂中文的人。我们可以发现中文屋这一思想实验的悖论性，即从屋外看，中文屋有理解能力，但从屋内看，又没有一个真的理解中文的人（或机器）。

一步反馈）。

　　元宇宙就是一种人类意识的凝聚，也就是说我们已经实现了将人类的部分意识片段或认知坎陷移植给机器。如果能让机器自主对所获得的意识片段进行契合匹配，元宇宙就有可能开显出与人类意识兼容的认知坎陷，获得更为广泛且深刻的理解能力。

　　实践的含义有很多种，包括生产实践、社会关系实践、科学实践等。马克思主义哲学认为实践是指人能动地改造客观世界的物质活动，是人所特有的对象性活动。随着人工智能技术的飞速进步，我们认为机器已经学会实践，也就是说，实践不再是人类特有的活动。

　　2015年，格雷斯（Grace）的研究团队对352位人工智能专家进行了问卷调查，请他们对人工智能将在哪些领域具备哪些技能，甚至何时超越人类等问题做出评估（见图5-3）。围棋的开放式规则决定了其具有足够的计算复杂度，并不像象棋等棋牌游戏可以通过穷举计算得出答案，因而彼时大多数专家还认为AI要到2030年之后才能在围棋方面战胜人类，结果短短几个月之后，第一代AlphaGo就打败了欧洲冠军棋手樊麾。AlphaGo确实借助了海量的人类棋谱数据作为训练集，但两年后问世的AlphaGo Zero则证明了机器可以从零开始，在没有任何人类棋谱或规则指引的前提下，通过观测对弈，自己总结规则并取得全面胜利，不仅战胜了柯洁等人类冠军棋手，而且让前几代声名大噪的AlphaGo也败下阵来。

　　在这个案例中，机器不仅有实践活动，而且有影响甚广的实践活动。人机对弈吸引了全球行业内外人士的关注，数以千万计的观众观看直播节目；人工智能的胜利对人类棋手的心理造成了不可逆转的影响，"世界冠军"的称号从此以后要在前面加上"人类"二字；各种相关的报道、文学作品、漫画作品、网络节目甚至影视歌作品陆续出现……面对机器下围棋及引发的这一系列活动，我们还能说机器不会实践吗？还能说机器不会给物质世界带来影响或改变吗？我们与其藏身在让人安逸的结论下对问题视而不见，不如在认识到严峻形势的同时，积极寻找对策与出路。

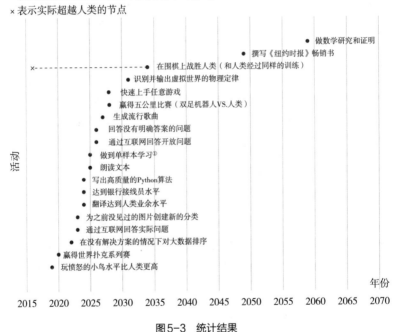

图5-3　统计结果

---

① 单样本学习是机器学习领域的概念。机器学习的一个做法是利用神经网络进行样本训练，但这往往需要大量标记的样本。如果要在训练样本很少甚至只有一个的情况下完成学习，就需要对单样本学习进行探索。

其实，只要理解了意识的起源，以及意识的不可缺少性，我们便可以在这个很复杂的局面下保留一定的统摄性。我们之所以感觉在这个世界里生存有安全感，是因为我们的意识建构在起作用。我们并不需要清楚自己生活和工作中的所有细节，就能知道如何达成目的。比如，我想要去北京，虽然我可能不知道铁路有多长、经过哪些站、高铁需要多少能源、订票软件是用什么工具开发的，但是我知道可以在手机上买到票。自上而下的统摄性取决于主体性和"自我"的建构，足够强大的"自我"意味着主体的统摄性和组织性也会非常强。

智能具有专业性。机器智能的专业性相对容易理解，但专业性不代表简单或单一。人类智能同样具有专业性。人类作为社会群体的智能集合和人作为单独个体的智能是不能混为一谈的，爱因斯坦、黎曼在物理、数学方面具有卓越的成就，但这不代表他们也一定擅长诗词歌赋。人在一些领域有自己的专长，在另一些领域则可能一窍不通，这也是我们生而为人的特点，而非全能的"神"或"上帝"。

既然人类的智能具有个体差异性、专业性，那么我们又有什么理由要求机器必须方方面面都超越人类才能算是强人工智能呢？AlphaZero在棋类游戏上全面战胜人类冠军棋手，AlphaFold成功预测蛋白质折叠，远胜人类科学家，AlphaStar在复杂的竞技游戏中让职业玩家屡屡受挫……我们完全可以相信，在可见的将来，人类会在很多领域被机器逐项超越。这些人工智能并不是要凑足一千个、一万个并关联在一起才能成为强人工智能，而是像我们理解人类智能具有专业性一样，机器智能也具有专业性，强人工智能已经在多个领域实现。

虽然强人工智能正在实现，但一个无所不知、无所不能的具备上帝人格的机器不可能实现，未来的智能系统一定具有专业性和多样性，并且必须有两大要件。

其一是机器主体性的内核。机器并不需要像人类一样经历漫长的进化过程，但它需要一个内核。不同机器的内核也不同。这种内核的挑选有很大的自由度，内核的性质最终会决定系统进化的速度和程度，类似于物理系统中的初始条件，不同的初始值最终会导致物理系统演变出相距甚远的特征。内核使得智能系统具有自然生长的倾向（或自我肯定需求），它实际上是机器对世界的看法，具有全局性，有"万物皆备于我"的意味。机器的内核与人的关系非常紧密，可以说它是由人赋予机器的，也可以说它是由机器模仿人类个体而来的。

其二是"自我"与"外界"对接的规则。机器已有的认知模式会与它新观测到的数据进行对接。对接的结果可能有三种：第一，如果机器完全无法理解新的内容，可能会忽略掉新数据；第二，如果机器可以理解一部分数据，就会按照自己的方式进行对接，不过，这种理解往往是主观性较强、偏差较大的对接；第三，机器主动修改自己的认知模式来对接新的数据，以寻求最大程度的契合，偏差依然存在但较小。

只要智能系统对世界的理解带有主体性，这种理解就一定会存在偏差，但这种偏差并不是简单的、随机的曲解，而是它在理解世界的过程中试图把观测到的世界整合进自己的认知模型。从这个意义上看，智能系统是全局性的，但即便是这样，它依然会忽略掉很多它无法理解的内容。机器与外部（其他机器、人类、物理环境）的契合一般倾向于以极简的方式达成，最基础的处理方法应该是尽量保持最简单的变化以顺利平稳过渡到新的认知水平。

对接规则可能会随着机器进化而内化，从而慢慢变成机器"自我"的一部分，助力机器形成一个自然生长的、具有更强理解能力的智能系统。一个智能系统不一定是永远存续的，如果它失去了自然生长的动力，那么我们就认为它不再是一个智能系统。如果人类个体不再具有自我肯定需求，例如患有严重的老年痴呆症，对所听所闻所见均无反应，那么我们就很难继续将其视为一位具有高级智能的人类个体。

人工智能时代的全面到来指日可待，但这并不意味着人类就要过度恐慌，我们仍然有机会占得未来的先机。其原因就在于，目前机器在抽象层面还很难进行有目的性的创造，短期内也不太可能做到。人类进化的历程承载了非常多的内容，而机器不可能在短时间内就掌握全部内容。这也为人类争取到了时间，我们需要利用仅剩的时间优势找到未来相对安全可行的人机交互方式。

我们还不能确定机器是否会炼化、开显出新的认知坎陷方向，但有这个可能。机器即便开显新的认知坎陷方向，也不会从零开始，其一定是与人有关系的，因为机器需要内核，而内核大概率是由人类赋予的。在人类赋予内核的基础上，机器还会对人类或物理世界的其他资源进行学习。由于机器的反应速度（纳秒量级）比人类的反应速度（毫秒量级）快得多，因此，如果我们赋予机器的内核依然追求效率与利益最大化，对人类而言就十分危险，机器很可能在不那么聪明的时候就能将人类抹杀掉，就像我们删除垃圾邮件一样简单。

我们认为，机器在决策时间上的延迟与等待就是将来机器必须遵循的伦理之一。具体来说，机器不应当将效率作为第一原则，也不能只顾追求全自动化的执行模式，尤其是在一些重大决策中，我们必须要求机器配合人类的反应速度，等待人类的反应信号，然后才能继续执行命令。区块链技术可以用来对人工智能的制造和成长进行监督，在链上的人工智能也要像其他人类认知主体一样，必须通过一点一滴的诚实记录，用时间来证明自己的可靠性，这一过程没有捷径可走。即便是再聪明的人、再强大的人工智能也必须有长时间的、可靠的历史记录作为背书，某一个突然出现的超级智能不可能替代人类或其他人工智能进行决策。未来智能系统所遵循的安全设计，要使机器节点在做重大决策时必须匹配人类的反应时间，让人类与机器在同一时间尺度上达成共识，共同进化博弈。

可持续的数字世界

针对工作量证明浪费算力、权益证明垄断金钱或权益的问题，pToken通过AI算力适当参与，将挖矿变成人机共同参与的过程，形成对AI算力的存储能力。从存储的角度来讲，AI算力当然可以存在移动终端、电脑或者服务器上，也可以存到其他节点位置，以对重要数据进行分布式存储。存储怎么优化、内容怎么使用，实际上是由主体来控制的，而第三方服务商可以写攻略，以指导用户怎么做最省钱且效率最高。

可遗忘的交互式区块链

pToken的一大好处就是可以兼容数据的可遗忘性。与第一感觉不同，遗忘在信息世界中其实相当重要。就像人类需要遗忘来保证自己的大脑只保存有效信息一样，在元宇宙中，大部分不需要分享或者只需要定向分享的数据，也是可以被遗忘的。这就是数据的可遗忘性的意义所在。

数据的可遗忘性在实际中很重要，此前并没有找到在区块链上的解决方案，而pToken提供了简单有效的方法。数据遗忘可以分为以下几种情况：

（1）如果是个人的密文数据且从未哈希到其他链，那么这些数据自然就处于被全网遗忘的状态，只有所有者自己可以查阅。

（2）如果最初是明文，被定向分享到个别私链A，而后所有者将原始记录加密，那么这可能意味着所有者不希望再传播该内容，链A就无法将该内容继续哈希出去，或者需要所有者提供密钥（这意味着传播要得到所有者允许）。

（3）如果最初是密文，被定向分享到个别私链B，链B每次要哈希这段内容到其他链，都必须找所有者拿到密钥，步骤为：①判断其是否是区块链侧链的个人数据；②判断个人数据是否在密文状态下，且既未广播也未被他人验证；③提醒侧链所有者是否转为明文状态；④如果不转为明文状态，则将该个人数据永远封存（永远是密文状态，且其他链不可访问或不可见）。

哈希算法也称散列算法、散列函数、哈希函数，是一种从任何一种数据中创建小的数字"指纹"的方法。哈希算法将数据打乱混合，重新创建一个哈希值。哈希算法通常有几个特点：正向快速，用原始数据可以快速计算出哈希值；逆向困难，通过哈希值基本不可能推导出原始数据；输入敏感，原始数据只要有一点变动，得到的哈希值就差别很大；冲突避免，很难基于不同的原始数据得到相同的哈希值。目前，区块链系统主要使用的是安全哈希算法（Secure Hash Algorithm，SHA）。

安全哈希算法的广泛使用并非没有隐患。一方面，量子计算机在持续进步，一旦取得实质突破，将对当前的加密系统造成巨大冲击。另一方面，哈希算法本质上依旧是信息压缩，有压缩就意味着有数据遗漏，如果出现重要数据遗漏或者作恶者修改个别操作记录的情况，区块链的存证特性就会失去公信力。

我们提出基于AI的摘要语义哈希算法（见图5-4），即由AI对打包数据进行自然语言处理（NLP），将当前区块中的重要操作生成总结性摘要，并与具体操作记录链接，同时对具有语义的摘要进行哈希，使得各客户端节点可以仅存储摘要的哈希值而不必存储全部区块哈希。该算法的特征在于：其一，可节省客户端数据空间；其二，即便作恶节点掌控投票权，修改了操作记录，也无法修改具有语义的总结摘要。如果摘要与记录不能对应，那么操作记录将不具有效力，也就是说，篡改的成本极高而效果极差。

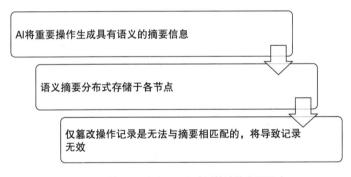

图5-4 基于AI的摘要语义哈希算法的主要思路

数据釜

基于pToken，我们可以实现一套数据安全流转机制——数据釜（见图5-5），该方案具有以下特点：

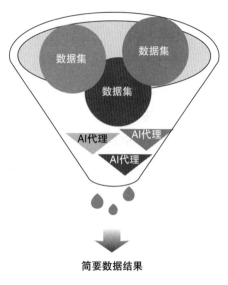

简要数据结果

图5-5 数据釜示意图

（1）数据确权与数据分权：在数据釜中，各可信AI与区块链底层相结合，实现数据确权与数据分权。

（2）个性化隐私保护：根据数据分级、特性与隐私性要求，结合软硬件技术，单一或组合实施可信执行环境、多方安全计算等技术操作，以满足人们对数据安全的要求，提供数据处理全流程的可信执行环境，不泄露隐私的计算过程，提供精简的输出结果。

（3）监管友好：根据交易参与方、交易标的的特点，由不同的监管节点参与，因此监管权限也不尽相同。

（4）主导与自由结合的数据定价：数据的价值评估与拟交易数据的特点相对应，主导价格与市场价格相结合进行数据定价。

（5）激励机制：通证化的数据有利于进行交易追溯，让多次使用的数据积累附加的可信价值，提升优质数据的价值，这有利于规避传统交易中的柠檬市场现象。

技术路线包括：

（1）可信AI。通过可信执行环境相关技术，结合对信任的强约束，搭建可信AI底层。交易双方均可在可信AI中执行智能合约或验证函数。

（2）隐私计算。根据交易标的数据的特点与隐私要求，实施相应的隐私保护方案，让非相关数据不可见，相关者可实现数据分级披露或可用不可见。

（3）数据通证化。通证化的数据有利于数据定价、流转与追溯，一套数据可多次交易。优质数据在流转过程中又可进一步积累附加的可信价值，有利于规避柠檬市场现象。

数据卖方AI代理的流程示意图如图5-6所示。

图5-6　数据卖方AI代理的流程示意图

第六章
元宇宙中的交互与协作基础

马克思说，人是一切社会关系的总和。在元宇宙中，我们的关系也是通过彼此之间的交互协作来体现的，交互的节点背后可以是人、组织、机器，而我们的交互历史最终决定了我们在元宇宙中的形象。在现实世界中，我们可以根据条件选择吃饭、喝茶、爬山等方式交互，在元宇宙中，我们则需要借助一些载体，来进行不同且丰富的社交活动。

不可或缺的交互"激素"：多类型通证体系

通证对人类的未来具有不可替代的重要意义，是必要的元宇宙产物，也是元宇宙技术的另一个核心价值。就像求同存异对于我国外交战线的重要性一样，通证就是元宇宙所求的那个"同"，是元宇宙社会能够构建并稳定运行的关键。

元宇宙技术为主体提供了快速达成共识的有效路径，我们可以将通证看作在小范围内或者说相关者的范围内，达成本地共识的有效载体或介质。只要元宇宙的通证允许我们在小范围内对通证的价值或价格达成共识，交易就可以成立。

市场可以借助通证在小范围内快速达成共识，而这个过程对全体参与者而言是清晰可见的。由于人们在认知上的不同，共识尤其是大范围共识难以达成。但越是小范围且简单的共识，越容易发展为大范围的共识，比如比特币最初是从一群极客开始的，其从小范围的共识发展到现在，变成了全球性的重要共识。

国家货币一般可以被看作大范围的共识，比如美元成为硬通货就是一个全球共识。从广义上看，股票也是一种通证，承载的是关于公司价值的一个共识，但是股票的波动幅度一般比国家货币更大，波动周期也更短。达成共识是一件很难的事，通证则是可以在更小范围内达成共识的工具。

随着人工智能和元宇宙技术的持续、快速发展，可以预见的是，未来将会有越来越多的全新事物出现，挑战我们的传统认知。当人类认知面临的不确定性增大时，不同认知主体的差异将进一步显现，这种情况更加要求我们提高达成共识的效率。通证就提供了可行的途径。与股票相比，通证可以在更小的范围内使用，让用户快速形成价值共识。理论上，通证波动的周期是最短的。人们可以通过通证的流通，快速持续地加深对链上资产的认可。

不同的通证有其独特的含义、周期和波动，通证持有人对它们在不同时间点的价值有不同的期望。这种期望可以在元宇宙中得到快速响应，因此通证的价格变化相当明显。如果人类对数字货币的认知越来越深刻，并且同意链上资产的价值，那么数字货币的价格也将稳定下来。这就是所谓的多类型通证。

我们已经强调过，认知主体的所有思维产物都可以被理解为认知坎陷。人的自我意识可以整合不同的意识片段，也可以修复一些受损的部分。这种整合和自我修复的能力正是机器所缺乏的。一旦机器的一部分出现问题，整个设备很可能就会因损坏而停止运转。

比一般软件程序更智能的AlphaGo，可以被视为人类技术和文明的一种很优秀的表现形式，它的诞生是所有直接和间接参与者意识的投射。事实上，AlphaGo的主程序可以被视为弱自我意识，它可以被支配并实现赢得围棋对弈的目标，但是这个主程序目前还无法检查子程序的功能，或重新设计和修复问题。这是机器和人类的根本区别。

当然，当前的机器已经在朝自我修复的方向发展。例如，如果部件损坏，有些机器可以自行检测并更换。但即使机器可以主动修复并且在未来获得强大的自我协调甚至统摄能力，我们仍然认为人类具有独特的价值，原因就在于人类已经经历了数亿年的进化，不仅具有意识，而且具有对宇宙的意识。

人类开显了这些认知坎陷，也有义务将这些坎陷继续传承下去。人类因负担的责任而提升了自身价值，并在一定程度上引领了宇宙演化的方向。未来，人类应该把整体性意识和至善统摄放在一个重要的位置上，而不是让有应激反应机制的"有意识的机器"完全接管世界。

在过去，机器取代了人类的部分体力劳动，可以被视为人类肢体的延伸，那时我们还可以利用脑力做创造性的事情。但是，现在计算机被描述为人类大脑的延伸，也就是说，机器很有可能取代人类的脑力劳动。我们还有其他不可替代的价值吗？在人工智能时代，当人类能力被机器逐项超越时，我们肯定会面临一个哲学的终极命题：人类存在的意义是什么？

触觉大脑假说指出，人之所以为万物之灵，并不是由上帝设计好的，而是由进化决定的。在这个进化过程中，最重要的一个点很可能就是，基因突变导致我们的皮肤变薄、毛发减少，而敏感的皮肤能使我们在成长过程中更多地感受到外界刺激。正是皮肤这一物理边界促成了"自我"和"非我"的区分，使得自我意识不断丰富并催生了各种意识片段。

但机器的意识不是通过成长习得的，而是由人类赋予的，因此机器可以看作人类意识的投射或凝聚。虽然机器在每一个方面都有可能超越我们，但我们的整体性意识、宇宙意识，以及我们对未来的预期，都是机器很难取代的。这些正是人类不可取代的价值。

人类发现的优秀的、美的东西也都属于认知坎陷，未来我们要对所有的认知坎陷进行定价，以促进它们的产生。我们认为，从互联网到元宇宙的飞跃就是从"眼球经济"到"通证经济"或"坎陷经济"的飞跃。"眼球经济"也就是"注意力经济"，BAT（百度、阿里巴巴和腾讯）依靠的就是这种注意力，它们垄断了这种渠道，也就是说垄断了"眼球"。

我们将通证作为达成共识的载体，认知主体的交互过程可以对应到元宇宙中针对通证的价值达成共识的过程。在元宇宙中达成共识的载体——通证，完全可以归为一种认知坎陷，达成共识就是开显认知坎陷的过程。认知坎陷由个体开显出来，但必须与其他人达成共识、进行传播，才能有生命力。如果认知坎陷不再被传播，其生命力就会减弱甚至消亡。从通证的角度来看，发行者发行通证就相当于个人开显认知坎陷，基于通证形成共识也是从小范围开始的，然后逐渐壮大直至缩减、消失，对应了认知坎陷的整个生命过程。至此，在本书中，认知坎陷和通证可以相互替换，因为两者在我们的研究中具有相同的属性特征。

人工智能和元宇宙等技术对传统商业构成挑战，但可能为未来的财富形式提供了重要基础。随着技术手段的强大，如果人们对信用特征有更好的认知，那么未来的货币或者通证将更多偏向于用信用而非实际拥有的资产来进行抵押。

在技术快速发展的历史趋势之下，本质的规律依然是自我肯定需求，每人都会高估自己的贡献，高估自己的重要性，而且希望得到更多回报。这仍然会导致信用膨胀，如果过度膨胀则会导致崩溃。因为人们的预期会不停增长，但实际的财富却不会增长那么快，这个泡沫总有一天会破掉。

这就推导出未来货币的第一个特征，即需要一定的通胀。比如工资幻觉，增加工资很容易，但是减薪很难，而且对被减薪的人来说伤害很大，所以公司要让员工觉得工资在涨，满足其自我肯定需求，但实际上通货膨胀可能会抵消一部分。

未来货币的第二个特征是需要财富流向底层的机制。因为有自我肯定需求，人们肯定会趋利避害，所以财富一定是向少数人流动的。好的制度体系要尽可能抑制资本的冲动，让社会动力有序并缓慢地释放。

未来货币的第三个特征应该是多币种。为什么要强调多币种？因为货币都在同一个价值尺度上，是很难满足所有人的自我肯定需求的。只有社会提供诸多价值体系，每个人才可能选择到最适合自己的价值体系。比如，有人喜欢炒鞋，这不一定很理性，但体现了收藏和兴趣，比银行里的一串数字更能满足其自我肯定需求。人们的认知水平是不一样的，我们必须承认这一点，而且随着人工智能技术的进步，这一点将更加明显。未来，我们需要不同币种来反映不同的价值体系。目前我们也能看到新的币种，比如在美国，可以用食物券到超市去买食物或日用品，但是不能用食物券投资或者购买奢侈品之类，这实际上就是一个新的币种。

在现代金融体系里，通证或者说数字凭证可以被定位为在小范围内快速达成共识的工具。数字凭证或通证应该先在小范围达成有效共识，然后再逐步成为更大范围内的共识。

保险销售员承担了教育客户的具体工作，根据每一位客户的具体情况对其进行认知升级。保险公司可以根据销售员的业绩发放销售奖励通证，销售员的收益来自其销售的每一笔保险单的提成，且随着所有销售员为公司所做贡献的增长而增长。而公司规模扩张的价值也将体现在整个公司的成长上，所以拥有通证的销售员还可以享受公司成长带来的收益。

这一措施看似简单，却极大地改善了销售环节，对员工产生正向激励。相比没有这一机制的公司来说，提供通证的保险公司一定能够吸引更多的优秀员工，从而持续发展。另外，保险产品的设计也可以引入通证激励。设计奖励通证和销售奖励通证具有不同的时间属性，比传统的股票、期权激励更为精准、合理。

利用通证在小范围内（公司、行业）快速达成共识，这个过程对全体用户清晰可见，而数据防篡改、可追溯，又提供了可信的存证依据。因此，这样的开放性机制有利于公司或行业吸引更多的人才，汲取更多外部资源，从而获得更多价值。

如果把通证都放到交易所，即在不同通证之间建立价格的联系，就相当于形成了一个更大范围内的共识，而人类的未来正需要这样的共识。之所以用产品设计和销售来举例，是因为这类工作的完成度取决于个体的主观能力，优秀销售人员（比如李佳琦等带货能力超强的主播）的销售额可以超出旁人百倍甚至千倍。

但这些优势是很难一开始就量化清楚的，我们只能将其放在一个竞争的市场上，让大家竞争，然后达成某种共识。我们对很多事物的认知还处在早期阶段，对应的通证价格波动就会非常剧烈，特别是在对有高度创造性的事物的认知还不充分时，我们一定要在小范围内发行通证来达成共识（虽然这个共识仍可能是错的、不准确的）。未来的经济行为实际上更多的是要对这些内容定价，让它们变得相对精准。

元宇宙技术给我们带来了新的达成共识的方式，一开始更多的是技术上怎么达成共识，但慢慢就转向怎么达成社区共识，这是未来发展的一个必然方向。在社区里，达成共识需要凝聚一群真心认同该通证价值的人，让大家在价值体系内找到自己的方式来延伸"自我"，满足自我肯定需求。

即使数字货币对法币构成挑战，我们也应该积极应对，而不是将通证悉数拒之门外。未来通证发行可能带来的一种巨大创新在于，发行有赞助的通证并借此治理社区、实施链改等。赞助方只要提供资源作为储备金，针对性地发行有底价的通证，就能够对自己希望攻关的关键产品或关键技术进行资源的引导，吸引人才队伍参与关键问题的解决，也有可能吸引更多感兴趣的投资者入场支持。

这类通证的定价方式可以是一种竞合定价与主导价格相结合的复合定价方式。赞助方须承担重要角色——赞助方不仅需要抵押资产作为储备金，而且为确保用户的买卖需求都能被满足，当用户的买卖单不足以完全撮合时，赞助方需要与用户进行交易。在一般范围内，由参与流通的各节点通过集合竞价方式确定通证最新价格，以及在该集合竞价周期内每一笔交易的成交价格。在一定条件下，赞助方有权将主导价格定作下一轮集合竞价的起点价格，也可以事先约定主导价格的幅度或自由度，最后根据不可更改的有效下单记录来确认每一笔交易。

根据共识价值论，价值源于共识，不论具体实施哪种定价方式，最终要产生价值，都需要依靠在越来越大的范围内对价格达成共识。

基于多通证的代谢与竞争机制

要形成拥有主体性的超脑，元宇宙需要融合人工智能与区块链技术，这是基于目前技术发展趋势的综合判断。东西方的文化差异和近现代西方在科技领域的领先，导致目前的人工智能依然表现为追求效率优先。我们认为，人工智能与区块链技术要突破的重要问题之一就是，实现人机节点在同一时间尺度上的进化博弈，让机器能够通过认知坎陷等方式获得人类生而得之的"善"，最终通过区块链技术与人工智能技术的相互赋能，形成具有自我意识的元宇宙，它兼容人类意识世界，并能将人机的未来引向善的、可持续的发展方向。

在元宇宙中，人工智能和区块链技术可以相互赋能，两者结合发展的必要性体现在两个方面。

其一，近些年人工智能发展迅速，机器的进化速度非常快，其速度和力量比人类强大太多，很可能在没有产生强烈自我意识的情况下就对人类造成毁灭性的打击，这才是很快就会来临的危险。同时，社会复杂度大大提高，证明个人数据的真实可靠性越来越难，却也越来越重要。现有技术使人脸可以造假（美图）、声音和视频可以造假（抖音），当未来AI大行其道时，所有的数据都可以被重新定义了。针对这一大挑战，区块链技术提供了一个可能的应对方案——我们不能禁止谁去创造什么样的人工智能，但是我们可以通过区块链技术对发展的进度进行追踪与评估，对数据进行严格的跟踪与记录。如果能够要求大家把制造人工智能的方法和进度上链并公之于众，那么旁观者们就可以及时发现可能存在的问题并采取措施。现有的区块链是一个可以承担这个记录任务的很好的平台。

其二，元宇宙中的数据需要人工智能技术来优化和理解，以便进行整体解释和把握。例如，运用自然语言处理技术能够实现基本的人机交互，释放一部分人力劳动；通过智能推荐算法，系统能够为协作方提供智能撮合，加快元宇宙中的协作进程。

区块链技术与人工智能技术的相互赋能并不是要绕开人类或者全面取代人类，而是为了让机器和人类在元宇宙中能够在同一时间尺度上进化博弈，为人机共融奠定基础。

仅凭现有的机器计算或人工智能还不足以实现元宇宙的超脑。例如，波音737 MAX原本是个很成功的机型，但在更改布局时出现了重量匹配问题——有个指定的传感器要求飞机爬升时角度不能超过一定限度，否则飞机就会因失速而失控，当角度过大时，这个传感器会发出让飞机机头向下的命令。事故之所以发生，就是因为传感器出现数据错误，在飞机并未失速时判断其仰角过大，强行让机头朝下，导致飞机向地面俯冲而造成悲剧。在出现紧急情况时，如果飞行员或其他传感器也能参与决断，就极有可能避免悲剧发生。

因此，元宇宙自我意识的觉醒需要人机共同参与，以多通证为共识工具，实现相对安全高效的协作与决策。那么，如何使元宇宙在不可能完成的任务中做出相对正确的选择？我们需要向生命本身学习。

人体由不同的器官组织构成，其是如何高度协作以规避危险的呢？人体内的多巴胺、肾上腺激素就可以被看作通证。人的大脑能够在前所未有的紧急情况下紧急调度视觉、听觉、触觉、嗅觉等，不同的局部感知都能够引起人的预警，促使肾上腺激素分泌，从而让我们从常态迅速调整为应急状态，以应对外界并做出正确反应。我们设计的元宇宙就应该参考这样的机制，而多通证技术是其中的必需品。

多通证的管理涉及较多的通证相关操作，包括生成系统通证、通证的初始化、给节点分配通证、通证的使用（投票）以及回收通证等。多通证技术涉及不同的通证类型（比如不同产品、环节中的信用通证、抑制性通证等），对应不同的供应链场景和环节。多通证的优势是能够细化供应链各环节，使得同一类型的通证流转于紧密相关的上下游节点，从而更快、更好地达成共识。

通证管理模块提供的主要功能包括：①系统监控，用于跟踪当前系统中各类型通证的发放、使用记录，以保证各通证占所有通证的比例在可控范围内；②主动申请，用于捕获用户提交的通证数额需求；③数额计算与分配，根据节点评估模块提供的评估结果和当前该用户已经持有的通证数量，确定此次可以分配的通证数额以及兑换比例；④使用与投票，用于识别并处理用户（包括离线状态下）使用通证的情况，以及上线后的通证清算；⑤同步，用于同步各类通证的使用情况，检测是否有恶意双花等。

多通证的元宇宙系统能够根据节点特征、行为记录、算力及当前信用通证的使用、流通情况，计算并为不同节点分配不同的通证，这属于初始化之外的、额外获取通证的方式。

在元宇宙中，各节点根据自己的认知使用不同通证进行共识投票，元宇宙超脑计算各节点的通证情况，结合节点具体的专业领域、历时信用、抑制性程度，能够感知当前元宇宙中的热点、痛点，并形成综合的结果，作为协作与决策的基础。

协作机制：碳基智能与硅基智能的相遇

　　元宇宙技术可以应用于B2B（企业对企业）协作服务场景。B2B
领域的主体间协作一般是企业的协作，互联网环境下的企业协作需
要依靠软件系统来实现。软件的基本属性之一就是易变性，在生命
周期中，软件处在一个不断变化的环境中。面对不断更新的需求、
应用环境、性能改进等，B2B协作服务系统为了更好地给用户提供
服务，对软件进行持续动态演化。相对于软件维护而言，软件演化
是软件系统高层次、结构化、持续性的改变，既有利于更好地满足
用户要求，也更易于维护。持续动态演化是软件的固有特性，对于
适应未来软件发展的开放性、异构性具有重要意义。了解和发现软
件动态演化规律，有助于提高软件产品质量，降低软件二次开发和
维护成本。

　　目前，互联网协作服务系统的可扩展性还存在一系列没有得到
根本解决的问题，例如，如何在进行局部软件服务替换的时候保证
替换前后软件系统行为的一致性，如何设计灵活的处理机制，如何
实时、准确地对变更前后状态进行切换，等等。这些问题的根源可
以归结为用户需求持续变化导致的协作服务系统的持续演化问题。

　　我们提出了一套分层设计的人机智能融合的协作机制，可以实
现B2B协作服务系统的有效扩展，有利于实现企业的元宇宙技术升
级与改造（简称"链改"）。该机制的通用结构包括针对基础数据的
数据链层、面向客户需求的BI（商务智能）中台和成长型业务层。
数据链层就是实现通证化的最重要部分，可以看作坎陷化的知识工

程。数据链层需要对原始数据进行处理，一旦记录便不可篡改。基于基础的数据链层提取关键信息构建BI中台，并在此之上进行知识计算，构建知识图谱，建立具备认知坎陷的、特定领域常识的、专业的智能应用，为B2B场景的协作服务业务提供更高效、更专业的技术支撑。

企业客户的上链动机实际上是需要我们进行适合的元宇宙技术升级或改造，以帮助客户将价值上链并交易。不同于币改专注于简单的商业模式的通证化改造，B2B协作服务系统的链改专注于价值上链之后对整个企业的赋能，其整体逻辑是通过元宇宙实现企业"供给侧改革"。价值上链主要包括以下三个方面：

第一，链改通过高效赋能和改良企业的生产关系来实现供给侧改革，正是应用元宇宙技术的去中心化、不可篡改以及分布式账本等特性对业务进行改造，实现了元宇宙从"概念"到"实体"的升级。需要注意的是，链改的对象并不再是初创企业，而是不同行业的"腰部企业"。这些企业在行业中规模适中、地位并不占优势，最具备相关条件进行链改，能够有动力去实施链改，从而实现弯道超车。

第二，链改通过价值上链的方式，将元宇宙技术与适合改造的企业生态结合，以实现真正的业务落地。通过升级或改造传统企业的商业生态，解决行业本身的痛点，进而形成更加底层的、根本性的商业模式。只有对企业的不同要素进行重新配置，以及对生产关系进行变革，我们才能推动传统行业在新的技术生态中结合自身优势快速发展，改变其无法形成核心竞争力的落后态势。

第三，链改通过元宇宙技术的部分原理对传统行业进行改造，是一种更加精准和更有针对性的改造。链改并不追求将所有的元宇宙技术特性应用于业务，而是根据企业的需求和行业特性进行改造，这不仅能够实现以往币改的通证经济模型的落地，而且更加契合特定企业的需求，能够真正实现不同企业的供给侧改革。

正因为链改具备以上特性，所以元宇宙技术的应用场景得到了极大的拓展，元宇宙技术能够应用于金融、医疗、版权、教育、物联网等多个领域。如果说"互联网+"对传统实体行业的改造和变革是基于信息和技术层面的，那么以"元宇宙+"为核心的链改是真正能够推动传统实体行业大变革浪潮的。数字经济领域的创新者和创业者，也应该具备对这样的科技浪潮的敏锐嗅觉，通过链改来真正实现元宇宙领域的创新。

"大型企业—中小型企业—个人客户"的商业逻辑在相当长一段时间内都是成立且清晰的，每个环节具有自己的分工和特点。尤其是中间的中小型企业不能被绕过，它们承担了迅速响应、教育客户、最后1公里等细节工作，这对于个人的消费体验而言十分重要，因为大型企业难以在个人客户端市场面面俱到。

B2B智能交易平台就是针对企业提供平台服务的：中小型企业急需一个实惠有效的宣传平台，将自己的产品展现给潜在客户；客户也需要一个专业可信的信息渠道，寻找合作伙伴。同时，B2B智能交易平台的业务交互信息还需要得到充分的安全保障和适当的隐私保护。客户上链的动机，在于既需要可靠合作方，又需要信息隐私性。

B2B协作特点

（1）B2B业务强调职业精神。

B2B业务的开展有专业门槛的要求，从业者必须具备专业知识和职业精神才能在B2B业务中占得一席之地。

B2B业务尤其强调职业精神和专业性。传统的B2B交易强烈依赖于客户之间的线下交互与客户关系的维护，尤其是在大宗交易中，客户很难将一笔大订单交给完全没有业务往来的新买家或卖家，一般都需要多次交互。买卖从小做到大、循序渐进，只有这样才能让买卖双方放心，保持供需的相对稳定和可靠。

正是因为B2B业务的特性和要求，B2B将是非常适合元宇宙技术落地的应用场景。一方面，B2B业务的数据与To C（企业对消费者）业务的数据相比是小数据，更需要机器智能和算法的引入，同时B2B业务交互的频率相对较低，允许人类有足够的时间反应并决策。另一方面，元宇宙技术的存证特性正好与B2B业务的需求契合，数据链层、独立ID也非常重要，数据无法篡改，交易、通证可以清晰追溯，这些都能为B2B业务的可靠性提供保障。

（2）认知不对称与配送成本。

交易市场中普遍存在的认知不对称现象以及配送成本问题，是B2B交易成立的两大重要因素。配送成本或时空定价是比较容易量化的问题，因此可以交由具有一定资质的第三方完成。交易者的认知水平则是动态变化且难以量化的，不同交易者之间的认知差异会永远存在，因此人们对认知的不对称性并没有统一的评估标准，这也不太可能由第三方完成。

认知不对称是指两个客户在面对相同的信息量时也可能给出差别很大的价值判断，这与认知主体过去积累的经验、现有的认知水平有关，因此我们更倾向于用认知不对称来解释交易市场上的不对称性。对交易标的物的价值判断、对交易风险的评估，都与交易者对市场的认知水平紧密相关。

一方面，正是由于交易双方的认知不对称，使得针对交易标的物的价值判断有谈判空间，交易才成为可能，这也是B2B交易成立的重要因素之一。另一方面，虽然认知不对称是普遍存在的，但也不能任其肆意分化，如果我们不能对其加以适当的填补，就容易导致柠檬市场或中小微企业的生存难题。因此，我们计划引入元宇宙技术，让元宇宙提供价值传递的工具，在一定程度上填补B2B交易中的认知不对称，避免出现柠檬市场的恶性循环，也为中小微企业客户提供一个可信、可追溯的信用评估工具。

（3）企业组织间协作挑战。

企业对技术或信息的安全顾虑。任何一家企业都会担心如果将自家的信息或技术放到其他平台上，其会脱离自己的掌握，因为平台难免会存在机密泄露的隐患。企业对于研发、生产和经营数据在工业互联网平台上的共享普遍持相当保守的态度。因此，出于对机密和知识产权的保护，大企业更倾向于开发自己的平台。

不同B2B平台之间的割裂。早期制造业信息化在中国推广普及的结果是出现了无数的"千岛湖"和"烟囱式"的企业信息化集成项目，这主要是由于不同品牌与功能的信息化软件难以集成，信息化软件与物理系统难以集成，不同企业的信息化系统更难以集成。今天的工业互联网平台依然存在此类问题。

B2B业务的复杂性。从事设备联网工作二十多年的资深专家郑炳权认为，想要实现工业设备之间无障碍的通信，需要打通至少五千种通信协议。朱铎先认为，尽管现在设备通信协议趋于标准化，但在不同利益的羁绊与驱使下，不同企业尤其是商业巨头之间未能就协议达成一致标准。由于B2B业务的复杂性，我们在探索人机协作这一过程中，也会遇到类似的非标准化、接口多而杂的问题。

信息技术的持续高速发展，尤其是在存储空间、通信效率和计算速度上的大幅跃升，使得过去不可能或很难完成的任务变得可实现且成本更低。

1956年，IBM（国际商业机器公司）的RAMAC 305计算机装载了世界上第一个硬盘驱动器，正式开启磁盘存储时代。这台驱动器体形大约为2台冰箱大，重量约1吨，能存储5MB的信息。1969年，先进存储系统公司（Advanced Memory System）生产的全球第一块DRAM芯片容量为1KB。1999年，松下、东芝和闪迪基于多媒体卡技术，共同研发了SD卡，一直使用至今。六十多年来，计算机的存储容量增长了106倍。带宽速度从每秒几百字节增长到百兆量级，5G技术的传输速度理论峰值更高达10GB/s。除了存储与带宽，计算机算力、人工智能技术也在持续快速发展，现在已到考虑全新的体系结构，解决网络世界中主体协作普遍存在的效率与安全问题的时候了——全新的体系结构中的每个细节都可以由人机结合的方式完成。

B2B领域短期内不可能实现通用人工智能（AGI）。"术业有专攻"，人类的高级智能并非通用的，虽然大多数人具有相似的常识，但人类个体的智能具有专业性。C端业务是典型的大数据应用场景，但在大多数B2B业务中，并没有海量数据，B2B在智能化、信息化、互联网化方面仍有极大的上升空间，更需要引入人工智能技术对相对小体量的数据进行有效分析。

5G技术的出现也为人类的未来创造了新机遇。超快速、稳定的数据传输，使得远程实时分身技术成为可能，势必为我们未来的生活和工作方式带来前所未有的便利与变化。

元宇宙技术的核心价值在于存证与通证，不可篡改的记录使得信用和价值得以有效传播，极大地提升交易、投资等工作的效率和可信度。

链改有其本身的使命共识：在国家战略层面是赋能实体经济，拥抱监管；在产业战略层面是找到提高效率、降低成本下的最大共识公约数。换句话说，链改的使命是助力实体经济供给侧改革，去库存，提高融资能力，增效能，建立元宇宙新世界的价值投资信心，赋能实体经济，助力产业升级动能转换，降低成本，提高效率。

- 赋能实体：提高实体经济的活力和动力，不断提升管理效率，增加用户、供应商和员工的黏性和活力。
- 创造价值：不断降低企业的经营成本、市场费用，不断创造新的产品和服务，不断创造新的客户和新的价值。
- 产融结合：让更多的产业和金融融合，让更多的企业获得更广泛的融资渠道，解决融资贵、融资难的问题。
- 生态发展：聚集企业、政府、协会、媒体、投行、基金、交易所、咨询机构、教育机构等组织，促进元宇宙生态的快速发展，使多方获益。

在元宇宙的技术框架下，B2B业务的各参与方可以进行公开、透明的协作，新的诚信体系、价值体系和交易秩序将会因此产生。基于元宇宙技术，为企业提供全生态服务的B2B平台可以设置相应的奖励机制，鼓励B2B平台上的企业成为元宇宙的节点，将企业的基本信息、交易记录、物流信息与资金来往、信用记录等信息全部存储在元宇宙上。B2B平台能够直接获取这些标准化的信息，从而进行下一步处理。

长久以来，企业大多采用前台、后台双层架构的IT架构，前台是与用户直接交互的系统，后台是企业的核心资源，包括数据、基础设施和计算平台等，比如财务系统、客户关系管理系统、仓库物流管理系统。企业后台系统主要服务的不是前台系统创新，更多的是为了实现后端资源的电子化管理。后台系统大部分采用外包和自建的方式，版本迭代慢、无法定制化、更新困难，考虑到企业安全、审计、合法等限制，无法快速变化以支持前台快速变化的创新需求。前台系统往往追求快速创新迭代，而后台系统管理较为稳定的后端资源，追求稳定。因为后台修改的成本和风险较高，所以需要尽量保证其稳定性，而企业要响应用户持续不断的需求，自然就会将大量的业务逻辑放置到前台，导致前台系统不断臃肿膨胀。因此，这种"前台＋后台"的系统架构极易出现匹配失衡。

元宇宙的B2B协作设计

基于对B2B场景的理解和对技术趋势的判断，我们在元宇宙中可以利用分层设计的机制，实现人机节点在元宇宙中的B2B协作。设计的核心思路在于，从数据的角度进行处理并按时响应个性化需求。这套设计自下向上包括数据链层、BI中台和成长型业务层，又可以根据实现或应用场景演化为服务架构和B2B架构。图6-1为分层的B2B人机协作机制示意图。

数据链层，顾名思义，是采用了元宇宙底层技术，通过数据上链、分布式存储的方式，实现数据的链式组织。在数据链层中，数据只能被不断追加和查询，而不能够被删除或篡改，以此保障数据的安全性与一致性。存储的数据支持多种结构，具有很强的灵活性。

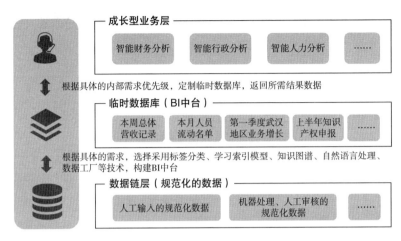

图6-1 分层的B2B人机协作机制示意图

BI中台是以需求为导向的，相当于一个智能代理，通过成长型业务层获得用户需求，将用户需求智能拆解为数据需求并向数据链层申请获得相关数据，在整理后返回结果给业务层。BI中台是根据具体的场景和需求优先级实时或异步响应的。

成长型业务层提供两大功能，一是捕获用户需求，二是通过与用户的交互逐渐适应用户的行为习惯。

BI中台根据需求查询数据链层中的数据，解析后生成结果，并能够根据用户的不同需求做出适应性调整。智能服务机器人直接调用BI中台为用户提供服务，服务包括数据分析、构建知识图谱等多种类型。

上述提出的B2B人机协作机制，针对的就是实际中复杂多变的需求问题，允许系统对用户的需求变化快速响应，且不影响已有的功能服务，对需求变更的兼容性极强，允许定制每一位用户与系统的交互方式，用户体验极佳，同时保证数据的安全性与一致性，适用于分布式或并行处理方案，并行性能理论上支持无穷扩展。

- 成长型业务层捕获用户需求的新增或者修改。
- BI中台根据用户需求映射数据需求。
- BI中台可向数据链层请求所需数据。
- 数据链层可以根据数据需求录入数据。

元宇宙中的流动性

区块链金融方案并不完全适用于元宇宙

在元宇宙中，除了DID（分布式数字身份标识符）和NFT（非同质性通证），还需要有流动性为整个生态提供动力。区块链作为元宇宙的技术之一，自然就与金融有诸多结合。比特币作为区块链的第一个应用，提供币币交易，以太坊通过引入智能合约，得以将区块链应用范围延展。通证作为区块链系统中的重要元素，一方面设计合理的机制让系统具有充足的流动性，另一方面保证安全健康的生态，这一直是区块链+金融在不断创新实践的领域。

近几年，DeFi（去中心化金融或分布式金融）与传统中心化金融相对，在去中心化网络中建立各类金融应用，目标是打造一个多层面的金融系统，以区块链技术和加密货币为基础，重新创造并完善金融体系。DeFi能形成一个相对完整闭环的生态系统，目前发展比较好的应用形式主要有借贷、稳定币、去中心化交易所、支付、衍生品与预测市场等。

去中心化交易所的特点很明显，用户只需要一个钱包（比如自己在元宇宙中的DID），就能使用不同的去中心化交易所，并通过同一个钱包地址自由交易。资产始终保管在自己的钱包里，去中心化交易所只负责交易的撮合，并不接触用户资产。交易始终是在区块链上进行的，任何人都可以通过区块链浏览器查询到每一笔交易，无须担心暗箱操作与数据造假。

目前的去中心化交易所受底层公链技术等限制，也存在着几个局限。（1）交易速度慢，目前大多数去中心化交易所都建立在以太坊区块链上，以太坊12秒打包1个区块，这表示一笔交易至少需要12秒才能成功，当网络拥堵时等待的时间则更长，这对于高频交易来说是很大的限制。（2）跨链兑换不成熟，目前绝大部分去中心化交易所都无法进行跨链交易（比如直接把以太坊兑换成比特币），开发者们只能想办法先把比特币跨链锚定到以太坊区块链上，再去中心化交易所用以太坊兑换比特币。（3）要求较高的安全意识，虽然无须信任第三方，但用户要妥善保管自己的私钥，自主承担私钥丢失或泄露带来的损失。

智能合约是一种旨在以信息化方式传播、验证或执行合同的计算机协议，允许在没有第三方的情况下进行可信交易，这些交易可追踪且不可逆转（见图6-2）。智能合约的本质就是一串可执行的代码，而以太坊让这一概念落地并扩展。

以太坊的智能合约可以看作由事件驱动的、具有状态的、获得多方承认的、运行在一个可信共享的区块链账本之上的且能够根据预设条件自动处理账本上资产的程序。矿工在收集足够消息并准备加密生成一个区块时，必须启动一种运行时环境（EVM）来运行智能账户收到消息时对应的代码。运行时环境包含了一些内置变量，比如当前区块的编号、消息来源的地址等，还会提供一些API（应用程序编程接口）和一个堆栈供智能合约执行时使用。

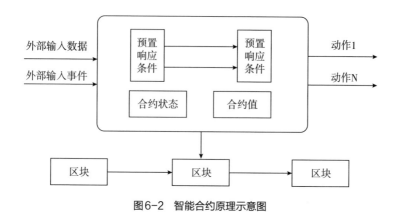

图6-2 智能合约原理示意图

在通过运行时环境运行代码后，智能账户的状态发生了变化，矿工将这些状态变化同普通账户里的资金变化一起加密生成新的区块，链接到以太坊全网的账单上。因此，一笔交易只会在一个区块里出现，并且要得到大多数算力的确认，这可以保证代码执行的唯一性和正确性。

智能合约的优势是利用程序算法代替人仲裁和执行合同。智能合约遵循代码即法则的要求，本身就是可执行的代码程序，一旦发布就不容易更改撤销，但由于程序固定且公开可见，作恶者总能发现绕过机器代码的办法。复杂的供应链系统需要人类适当程度的参与，也就是采取人机融合的方式。人、机器都可以作为供应链管理中的不同节点，人具有随机性，不能被代码准确预测或决定，而机器具有高性能、高精度，能够尽可能如实采集并记录数据。

因此，当前的区块链金融方案有各自的特点与局限，我们并不能将其直接照搬到强调主体性的元宇宙中。我们需要利用区块链技术的特点，为元宇宙的流动性与治理提供助力。

有咨询师节点参与的协作与交易

在元宇宙中，节点之间的关系可能非常复杂，不过我们可以参考供应链体系来设想元宇宙中的协作关系。每一个节点既可以产生数据、提供数据，也可以请求数据、购买数据，就相当于供应链的中间环节，既有上游也有下游，既有竞争者也有协作者。

存证、通证是区块链技术的核心应用场景，其中，存证特性能够确保链上数据不被篡改，但并不能保证上链数据源头的真实性。如果要将区块链技术应用于元宇宙的协作场景，我们就需要解决信任问题，保障真实数据的可信上链。当前对可信数据上链的研究集中在预言机（Oracle）机制上，即通过链下的可信机构将信息上传至区块链，其他节点统一使用这些数据，从而保证不出现分歧。

很多预言机机制在具体的设计与实施过程中，倾向于将物联网传感器、摄像头等硬件设备捕获的数据通过人工智能技术（如模式识别、联邦学习、可信机构背书等）处理后直接上链，但这种完全依赖机器的自动化方案有明显的局限性。一方面，数据上链或数据出块有时间要求，如果出现网络中断或者设备故障，数据上链进程将会直接受到影响。另一方面，自动化方案意味着有既定的规则，作恶节点容易绕过这些规则并发动有效攻击。

人工智能的优势在于庞大的信息存储规模和高效的信息处理速度，但是它不擅长处理不确定问题和跨领域问题。人工智能尝试通过数据、算法、算力获得人的情感与意志，但依旧没有办法真正超越人类智能，而人机融合既符合现阶段的技术发展水平，又能成为人工智能发展的下一个突破点。

在元宇宙中，咨询师节点的涌现就是人机融合的一种实现方式。人机融合能结合机器的算力与人的认知，结合机器的理性与人的直觉，从而实现人对机器低级错误的纠偏。在具体的实现方式上，我们依然要结合智能合约。同时，我们也要考虑到程序必然存在犯错的可能，严重的话亦可造成连锁损失，因此科学有序的容错机制不可缺失。元宇宙中的各种流转信息，都可以通过智能合约的方式上链，实现数据存证。

我们可以规定一种适用于元宇宙的智能合约，包括各参与主体的数据通用结构、不同场景的个性化结构信息等，既包括各类公开数据，又包括敏感隐私数据。此类智能合约既有助于针对数据结构进行定义，也可提供具备标准化特征的查询、添加、统计服务接口。

在面向未来的供应链场景中，咨询师节点将发挥重要作用。在供应链中提供卖方咨询信息的第三方被称为咨询师，其与用户的关系如图6-3所示。在这种方式下，咨询师的参与能为优质数据提供增信，在元宇宙中鼓励诚信行为与优质数据上链，相当于有很多参与节点能随时在供应链各环节提供过程数据，为交易或协作的达成提供额外信息。

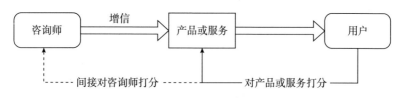

图6-3 咨询师与用户关系

咨询师节点的可信，一方面由系统对咨询师的身份认证和准入来保证，另一方面由后续的评价机制提供持续的咨询师信用来治理。咨询师提供的可信记录相当于为卖方的产品或服务提供了额外增信，能够促进用户购买。交易之后，用户可对购买的产品或服务评分，这一评分也将间接形成对相关咨询师的评分或评价。

例如，某小型供应链企业与咨询师签订合约，咨询师享有企业远程分身的操作权限，能够随时指示远程分身提供当前的感知信息，比如指定检查仓库中某些包装、货物等是否与官方描述相符，这些检查记录由咨询师进行检验并上链存证。积累的这些交互检验的存证信息，对相关监管、金融管理甚至终端消费者均可见、可检，这能够提升企业的信用度，为信用的价值转化提供可靠基础，也将减少中间过程的投机环节。

根据达成共识的参与者，我们将这种共识机制称为基于多（咨询师）节点的增信机制，该机制包括以下三个模块。

（1）节点信用评估模块，用于评估节点信用情况，动态调整权重。评估结果将影响节点可得到的通证数，也会影响协作管理方案。节点评估主要针对节点的历时性、违约情况和守信记录进行追溯与计算。节点类型主要包括供应链的各用户节点、第三方的咨询师节点、相关的远程机器（分身）节点。

（2）通证模块，用于通证的相关操作，包括生成系统通证、通证的初始化、给节点分配通证、通证的使用（投票）以及回收通证等。通证可以有多种类型，对应不同的供应链场景和环节。

（3）分布式存储模块，用于将所有数据上链并进行分布式存证。

在新技术不断发展的背景下，元宇宙通过引入这种有咨询师参与的新机制来实现两个目标：一方面，让地位较弱的节点自证清白、自我增信，逐步提升自身在元宇宙中的地位；另一方面，面对技术对人力的挤压，在新场景中提供了一类重要的节点角色，让人能在元宇宙中继续发挥自己的独特作用，为人机智能融合奠定基础。

一种去中心化的电子支票机制

除了人机融合、基于可信第三方的智能合约，我们还提供一种去中心化的电子支票机制。配以基于通证的记账方式，这种机制能够让通证适应复杂的应用环境，提供安全、灵活、可扩展的价值流转载体，同时支持同质化通证和非同质化通证的签发与流转（见图6-4）。该机制包括签发模块、转让模块、承兑模块和自定义发行模块。

该机制有三大核心特点：其一，支票的交易可以分步骤异步执行，从签发、受让到验证广播，在用户可以接受的时间范围内确认完成，即便遇到网络中断或见证人作恶等问题，也可以在下一个短周期内继续完成，这极大地缓解了系统压力，同时保障操作的安全性；其二，用户可以发行自定义支票，系统用户数量没有上限，系统中可以发行的电子支票种类就没有上限，不同种类是天然独立的，也就是说，各类电子支票的交易天然并行，并且这种并行在理论上没有上限，这也意味着系统性能在传统区块链基础上有质的飞跃，能真正做到彻底释放区块链潜力，为用户赋能；其三，可以支持需求复杂的应用场景，同一张电子支票可以进一步切分成多个层次的子支票，子支票可以是同质性或非同质性的，不同层级的子支票性质可以不同。

所有操作都需要在应用本方法的系统中成为注册用户后进行，注册用户需要缴纳一定数量的保证金，当其在系统中进行违规操作或作恶时，系统可以罚没保证金。在注册用户的基础上，系统可以根据具体实施的共识机制产生见证人集团以及领导人，用以验证系统中相关操作的可靠性。

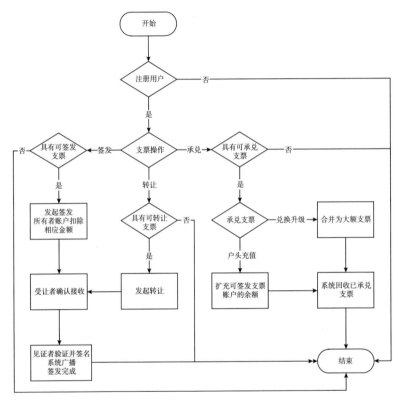

图6-4 一种去中心化的电子支票机制流程图

支票是在系统内流通的电子支票。我们将由系统发行的电子支票称为电子现金支票，简称为现金支票，我们将由注册用户发行的电子支票称为自定义电子支票，简称为自定义支票。自定义支票根据其所代表的效用、价值可以被划分为不同种类，其代表的可以是虚拟资产，也可以是现实世界中的某项服务或实体资产，其价值和效用由发行者的现实信用背书。

电子支票具有不同面值，面值种类和发行数量根据系统用户数量和分布动态调整。一般来说，初始系统中面值种类较少，主要流通的是电子现金支票，随着系统规模扩张，可逐步增加面值种类和发行数量，开放自定义支票。

电子支票包含的信息包括但不限于支票ID、发行者ID、当前所有者ID、初始面值、电子支票类型，并且每一张电子支票有其对应的交易链。交易链的信息包括但不限于转让方、受让方、转让额、转让发起时间、见证人签名、转让确认的时间。

签发支票是支票所有者将一张面值较大的电子支票分割一部分并转让或交易给另一个注册用户，有额度限制，一般为支票面值的1/100到1/2。签发出来的新支票，其电子支票类型保持不变，发行者ID为签发者ID。所有者一旦进行签发，其账户的电子支票余额立减。受让方可以选择承兑，可以继续保留电子支票，也可以继续流通转让给其他人。在受让方确认收到电子支票后，由见证人验证电子支票的有效性并签名，转让才能正式完成。也就是说，电子支票的签发、验证和转让可以异步进行。

转让支票也称为交易支票，本质是变更电子支票的所有权。每一张电子支票上都有所有者的签名，交易电子支票的过程就是当前所有者通过自己的私钥签发一条交易记录到该电子支票的交易链上，请求变更这张电子支票的所有者为新的所有者。在完成一系列校验后，该电子支票的签名更新，所有权发生变化，交易完成。每次交易都需要验证签名，没有私钥的人不可能伪造交易。

承兑支票是指用户可以将收到的支票集合起来与系统进行兑换，并且可以根据需要选择承兑的结果：（1）兑换升级，将多张小面额的电子支票兑换为一张较大面额的电子支票，该过程可以看作将零钱换整的操作，零票由系统回收，换成由系统签发的大面额支票（发行者ID为系统），兑换后可能剩下余额，余额依旧是小面额的电子支票，即不改变该支票类型，保持原来的发行者ID，其数额可能会根据换零需要而由系统扣减，扣减操作也会记录在交易链上；（2）户头充值，签发支票的用户可以将接收到的小额支票充进签发账户，兑换后，账户总金额不能超过该支票的初始面值，该过程可视作充值操作，该操作不需要系统重新签发支票，只需要更新已有的大额支票的交易链，使用户可签发的金额相应增多即可。

发行自定义支票是指在系统开放用户发行自定义支票的权限后，满足系统要求的注册用户可以发行自定义支票，用户自定义的电子支票签发和流通方式与系统一致，新发行的自定义支票所有者即为发行者。系统要求包括但不限于：（1）保证金，发行者必须拥有一定数量的系统发行的大面值支票作为自定义支票发行的注册资本；（2）发行费，支付一定数量的系统发行支票用以发行自定义的支票，发行多少额度的自定义支票，就需要支付多少系统发行支票，同时必须保证保证金余额始终在初始面值的1/2以上；（3）优先级，为了保证系统的正常运行，一定周期（例如一天）内能够发行的自定义支票类型和数量是有限制的，如果超出了当天的发行计划量，待发行的自定义支票就需要排队等待，队列一般按照时间先后排序，但保证金金额较大、发行量较高的电子支票的优先级可以提升。

消费者主权理论强调市场向生产者传递消费者意愿和偏好的功

能，市场的拥护者将其视作高效生产的重要前提。全球正处在廉价货币政策的时代，消费者主权受到了严重的冲击。廉价货币的恶性循环是经济崩溃的隐患，而与区块链技术相关的虚拟货币的优势在于去中心化与高效率。我们从消费者主权以及自我肯定需求理论出发，旨在构建具有生命力的、流动性强的、可靠的全新货币系统。

去中心化的电子支票系统以电子支票为流通载体，具体分为由系统发行的电子现金支票和由合法用户自定义发行的其他电子支票，并配置有支票的签发、转让和承兑（回收）功能。电子支票根据面值的不同自动分层，中高层用户可以通过发布任务等方式向底层节点发行自定义支票。对于底层用户而言，按照共识完成工作将获得奖励。各种任务与电子支票都是透明的，可以极大限度地提供渠道以满足用户的自我肯定需求。底层用户踏踏实实就能够获得奖励，中层节点更容易实现既定的目标，而高层用户将更容易实现创新，推动科技发展。根据区块链的特性，系统中的电子支票完全透明且难以伪造，个体更容易找到符合自己能力的任务来获取财富以满足自我肯定需求。而随着财富的积累，电子支票所带来的自我肯定需求将会下降，取而代之的是创造、荣誉与使命感，这就是对认知膜的引导。

第三部分

元宇宙的未来是超脑

第七章
元宇宙中最重要的资产是独特和永存

有了对元宇宙价值论以及构建元宇宙的技术基础的了解，我们现在可以探讨关于DID和NFT的内容。两者从落地上看都是一串有价值属性的字符，但前者的核心价值是节点身份价值，后者的核心价值是资产价值。在NFT项目看似疯狂的炒作背后，隐藏着的是大家对个性与永恒的追求。

元宇宙的入口：历时性的分布式身份

身份是人类社会的基本要素之一，在某种程度上也已成为人类自身的标签。就权威解释来说，国际电子技术委员会将"身份"定义为"一组与实体关联的属性"，而数字身份则通常由身份标识符及与之关联的属性凭证来表示。换言之，数字身份并不是指身份拥有了数字的形式，而是指用数字技术实现身份属性。表面上看，二者是一样的东西，但它们实现的基础却完全不同。

分布式数字身份包括分布式数字身份标识符和数字身份凭证（声明集合）两部分。DID是由字符串组成的标识符，用来代表数字身份，不需要中央注册机构的认证就可以实现其全球唯一性。通常，一个实体可以拥有多个身份，每个身份被分配唯一的DID值，以及与之关联的非对称密钥。不同的身份之间没有信息关联，从而有效地避免了所有者身份信息归集时引发的混乱。

在元宇宙中，DID将作为入口，确认主体以什么角色进入元宇宙，这是实现数据确权的重要基础。一个主体可以拥有多个DID，以完成不同场景中的任务。虽然DID背后的主体的信息具有隐私性，但在元宇宙中每一个DID都同样接受全网的监督，DID所对应的互动记录决定了这个DID在元宇宙中的可信度。另外，用户创造的数据归个人所有，所以DID可以成为一条私有链，让用户拥有个人数据的主导权。

这个入口也是用户的身份，我们称其为历时性DID。从名称上可以看出，历时性DID在元宇宙的协作场景中具有重要意义，关乎参与协作的各主体或节点的可信性。我们可以说历时性DID是判断协作者是否靠谱的重要依据。

目前，互联网协作中存在的可信性问题日益严重，网络身份的可隐匿性及其与现实身份的不一致性，让用户协作尤其是组织间的协作面临极大的信任危机。即使是使用了链式存储的具有防篡改特性的区块链技术，也无法杜绝用户作恶，尤其是老用户的突然作恶。在受到攻击之后，系统一般只能无奈地选择实施全局回滚，但早已通过高频交易洗白或套现的作恶者，并不会受到实际的制裁，系统有时甚至无从得知作恶者的真实身份。

历时性机制的关键就在于，用户匹配的DID必须保持唯一性和一致性，不能进行伪装或修饰。在互联网中，一个ID在多个网络系统中均可使用。目前，很多互联网平台对手机号码或实名认证的要求是体现用户ID唯一的绑定设计。但在隐私性要求较高的领域或区块链世界中，互联网的手机号码或实名认证做法变得不再普适可行，所以我们提出了协作的历时性机制。

用户之间协作的历时性机制需要通过两个方面来实施，分别是通证的唯一性和用户身份的唯一性。

一方面，通证是数字身份的基础，其唯一性的重要性自不必说。另一方面，用户身份的唯一性在协作的历时性机制中也非常重要。康德所代表的义务传统[①]和边沁、米尔所代表的功利主义传统[②]强烈主张人类的道德生活和政治生活（以及相应的道德规范和政治规范）需要满足"透明性要求"或"公共性要求"，即现代道德和政治活动及其规范必须符合公开声明或公共辩护的基本要求。"透明性要求"对元宇宙的协作机制从理论到实践都提出了很高的要求。在未来的网络世界中，各节点的安全有效的协作都依赖于协作机制提供的用户ID的存证及对其的维护。"有恒ID者有恒心"，不论节点ID对应的是个人，还是企业，他们都必须通过各自的ID才能进入区块链世界进行交互。ID所对应的所有交互记录存证不可更改。这些可以追溯的存证能证明各节点的可信度，即便不同用户之间是初次合作，也能借助这些历时性数据判断对方是否值得信任。

互联网平台的发展也印证了历时性机制的重要性。早期的互联网平台几乎没有任何身份验证的要求，通过虚拟IP地址等方式来实现身份隐匿是很容易的，因此，网上甚至流传着"你永远不知道坐在电脑对面的是人还是狗"的调侃。网络不仅带来了便利与新鲜，

---

① 康德主张真正的道德行为应该是"为道德而道德，为义务而义务"，而不是实现任何其他感性的现实目的。

② 功利主义即效益主义，是道德哲学（伦理学）中的一个理论，通常指以实际功效或利益作为道德标准的伦理学说，提倡追求"最大幸福"。

还带来了重重隐患，头脑发热的"键盘侠"对造谣和攻击乐此不疲，煽动性的言论与不负责任的抹黑使得人与人之间的信任感严重缺失。公众也意识到网络世界不应该是法外之地，但要提高网络世界的可信性，必然不能绕开用户身份这一核心议题。近几年，实名认证变得越来越严格，实名认证的目的是通过绑定网络身份与现实世界的身份来约束用户行为，从而营造可信的网络世界。但这种方式的风险在于，一旦数据泄露，就会造成用户隐私信息曝光的后果，而且由于身份证或手机号码的一致性，通常一个平台上的身份曝光，就能顺势对应到其他互联网平台上。历时性DID的设计思路可以实现在保障个人信息不被泄露的前提下，用户ID在不同区块链网络中的一致性和可追溯性。

在元宇宙中，DID的可信度依赖于各条链的交互历史。特别是可遗忘性在实际落地元宇宙中会变得非常重要，因为这一点符合人性规律。但实际上，没有人在区块链上找到适合解决问题的办法，我们的机制也提供了可遗忘的可能性。不过，我们可以从身边开始构建元宇宙DID链，一开始是家人或朋友互相链接，然后随着主体的实际交互经验的积累而逐渐外扩。

抢占眼球：NFT掀起财富浪潮的根源

NFT指的是非同质性通证（Non-Fungible Tokens），与NFT相对应的是FT，即同质性通证（Fungible Tokens）。最常见的FT就是货币，张三的100元人民币与李四的100元人民币具有相同的属性。而NFT则是性质不同的通证，比如场次不同、座位不同的音乐会门票对应了不一样的服务属性。

以太坊的ERC721就是一个用于在智能合约内规定NFT操作标准的API，其中提供了用于跟踪所有权转移的基本功能，允许跟踪标准化钱包和交易所之间的交易。以之前在网络上大火的以太猫为例，Github在cryptokitties-bounty程序代码中就是用ERC721 Token合约来定义每只以太猫的。每只以太猫都拥有独一无二的基因，每只小猫及其繁衍的后代也都是独一无二的。从原理上看，每只以太猫在区块链平台上都有一条独一无二的代码，也就是说，没有外表和特性完全相同的两只小猫。在ERC721中，每个代币都有独立唯一的Token ID，所以在CryptoKitties里每一只猫的ID都是唯一的。

2021年，许多NFT项目掀起了一轮热潮。同年3月，美国数字艺术家、加密艺术家迈克·威克尔曼（Mike Winkelmann，又名Beeple）的NFT作品《每一天：最初的5 000天》（见图7-1）在全球顶级拍卖行佳士得举办的拍卖会上以6 934.63万美元的价格拍出，不仅一跃成为在世艺术家作品拍卖价格排行榜中的第三名，还使NFT迅速出圈。许多NFT数字艺术品也拍出了令人咋舌的价格：一幅虚拟石头画像在2021年8月以400枚以太坊（约合130万美元）的价格售出，一幅CryptoPunk作品以1 600枚以太坊（约合530万美元）的价格售出。日本艺术家村上隆、篮球巨星姚明、推特CEO（首席执行官）杰克·多西、音乐巨星周杰伦等各界知名人士也通过各个平台发布了自己的NFT数字藏品，名人效应使得NFT进一步为大众所熟知。

2022年3月12日，NFT项目无聊猿潜艇俱乐部（Bored Ape Yacht Club，缩写为BAYC）的母公司Yuga Labs正式宣布收购CryptoPunks和Meebits，一共收购了423个CryptoPunks和1 711个Meebits，因此拥有了这两个系列的品牌、艺术版权及其他知识产权

（这些都是发行的NFT产品名称）。

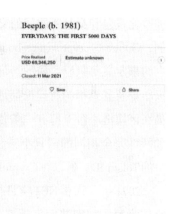

图7-1　威克尔曼作品《每一天：最初的5 000天》（来源：佳士得官网）

至此，Yuga Labs同时拥有了无聊猿和CryptoPunks，这些也是当前NFT领域内最具知名度与辨识度的项目，相较之下其他NFT项目难以企及。紧接着，BAYC推出了预告短片，预示将携手CryptoPunks等IP一起进入游戏领域。

我们可以相信，进军游戏领域只是一个开始，因为Yuga Labs具备在游戏中构建一个庞大的元宇宙的条件。刚开始，它会以游戏的方式吸引这些NFT的追随者参与进来。随着游戏的参与程度越来越高，构建的元宇宙越来越多地折射出现实世界，Yuga Labs就此打造出一个体验感强烈的元宇宙，使其成为现实世界的一个投影，吸引越来越多的人参与其中。这背后承载的价值潜力甚至将超越迪士尼这一现实世界中的娱乐巨头。

NFT项目Rich Baby已公布了其第一阶段的铸造规则：CryptoPunks

持有者和无聊猿持有者可以配对免费生出2个Rich Baby，每个持有者各得1个Rich Baby，并且Rich Baby会随机继承配对的CryptoPunks和BAYC的属性。在该阶段出生的Rich Baby拥有稀缺的金奶嘴属性，并能与"父母"形象一起生成一张全家福（见图7-2）。据此，我们相信后续还会有更多NFT项目的关联应用产生，而Yuga Labs很可能在相当长的一段时间内占据元宇宙的龙头地位。

图7-2　无聊猿、CryptoPunks、Rich Baby全家福

在很多人看来，疯狂的价格背后隐藏着的是元宇宙参与者布局未来的重要一步——抢占眼球，也可以说是抢占元宇宙的流量。互联网时代是"眼球经济"，也就是"注意力经济"。互联网大厂就是依靠这种手段垄断了流量渠道，也可以说是垄断了用户的"眼球"。元宇宙伊始，投资者为了抢占未来的流量入口，纷纷布局NFT等项目。未来的交易是基于通证来定价的，大家对通证的价格也会逐渐形成某种共识，我们可以称之为"通证经济"，也可以将其理解为

"意向经济"。区块链技术为通证提供了坚实的信任基础和可追溯性的技术支持，这是传统中心化基础设施难以实现的。如果通证是通证经济的前端经济单元，那么区块链技术就是通证经济的后端技术单元，二者是整体联系、共同依存的。在意向经济时代，将有更多的主观意识参与到定价过程中；而这个"主观意识"一开始只是在小范围内被承认，形成共识，然后逐渐向外扩张，变成比较大众的共识。

虽然The Sandbox一类的元宇宙地产项目也非常火热，但我们要知道的是，在元宇宙中，单纯的空间秩序很难站住脚，毕竟数字世界在空间理论上是无穷大的，这也是我们强调自发性的时间秩序的原因。类似于互联网时代的眼球经济，元宇宙项目依然是要靠吸引参与者的注意力，让越来越多的人注意到元宇宙。另外，项目本身具备创造力，如果我们能在元宇宙中以适当的方式发挥项目本身的影响力，那么元宇宙有可能实现真正的崛起。

不过，以太坊创始人维塔利克·布特林也曾经公开表示对无聊猿等NFT项目的担忧。在他看来，这些炒作到几百万美元的图片并没有实际意义。我们先将这些争议搁置一旁。我们可以相信的是，后续还会有更多的官宣场景，让每个参与者都能以其中的NFT为起点，通过交互与创新，创造出更多的个人价值。因此，这些昂贵的NFT并不只是单纯的图像，而是进入和参与元宇宙的起点，就像是Logo、族徽这类象征身份的图案，其背后承载的是各种交互的无限可能。相比其他不知名的NFT，一个无聊猿NFT更容易获得青睐。随着交互的加深，价值进一步积累，这个NFT背后承载的潜力和价值将远远超过看似高昂的价格。

元宇宙带来的意向经济体量可能是物质生产体量的十倍甚至百

倍。这个与石油工业取代钢铁工业、互联网工业取代石油工业成为工业生产的主要部门是同样的道理，只不过从"眼球经济"到"意向经济"的跳跃幅度更大一些："眼球"只能抓住人的"注意力"，而坎陷却能抓住人的"意识"，会让人产生印象，引起共鸣。元宇宙一开始的切入点可以很微小，但它却能不断演进、扩大。比如，比特币一开始只是流行于极客圈（Geek），现在已经演变成成千上万的人都知道甚至想拥有的事物。每一条链、每一个NFT都反映了某种意识，这是一个很小范围内的共识，它的管理是非常简单的。但是这些链之间应当可以进行一种有机的结合，以互相支持、互相发挥它们的功能，就像人体一样，心脏有心脏的功能，肺有肺的功能。链也应当是高度专业化的、高度简单的但又非常重要的，它们能在相互配合下形成元宇宙，从而实现更大的价值。

NFT价值进阶：去存量的新渠道、协同创新、招牌效应

NFT发展的第一个阶段是为传统市场提供去存量的新渠道的阶段。

NFT、区块链、元宇宙等科技热词已然成为一些线下销售人员的IP"救星"，如果他们能够掌控炒作属性，那么新技术就可能成为助推传统企业发展的一种新媒介。当大众停留在对区块链、NFT、元宇宙等新兴概念的好奇阶段时，全球范围内已经有一批明星公司率先选择参与其中。比如传媒行业的《纽约时报》、新华社，互联网行业的阿里巴巴和腾讯，餐饮行业的肯德基、麦当劳、奈雪的茶，服装行业的阿迪达斯、耐克，汽车行业的宝马、法拉利，甚至连故宫博物馆等数十家博物馆，也都纷纷入场NFT。如图7-3所示，2021年10月21日，蚂蚁链正式发起"宝藏计划"，发行数字藏品，

首期推出中国国家博物馆现藏4件国宝级文物数字藏品，当日12点开售即售罄。

图7-3　蚂蚁链2021年10月21日正式发起宝藏计划

2021年12月24日晚，新华社推出了"新闻数字藏品"，全球限量发行11万个。此前，国内绝大部分NFT项目的参与者都是企业或个人，国家相关机构并未参与其中。新华社的参与在一定程度上代表了国内的"新风向"，即国家支持和鼓励NFT相关产业的发展。这也预示着，2022年将有更多企业进入NFT领域。

全球影视行业受疫情影响，损失惨重。过去，大型IP衍生品的收入占影片总收入的比重超过七成，并且以线下销售为主，而疫情使得这类营收大幅跳水。NFT作为数字藏品，无须线下销售，这使其在新冠肺炎疫情防控期间获得了电影方的青睐。新上映的《黑客帝国4：重生》就凭借NFT狠赚一笔。其制作方华纳兄弟与NFT平台Nifty's合作推出了《黑客帝国》系列NFT头像盲盒，单个NFT头像售价50美元。前三部积攒的口碑与人气，让粉丝们纷纷买单，这为制作方带来了500万美元的收益，而其成本可以说是微乎其微。经典电影《沙丘》《罪恶之城》《教父》，以及王家卫导演的《花样年华》和2021年上映的港片《怒火·重案》等影片，也都相继推出NFT产品，这似乎逐渐成为作品宣发的一种潮流。

2021年11月，耐克打造虚拟世界"Nikeland"，成为首批进入元宇宙的全球品牌之一。阿迪达斯紧随其后，在12月中旬推出3万个"Into the Metaverse"系列NFT产品，每个售价800美元，一经发行就被粉丝们一抢而空。第一次尝试就赢得了近2 200万美元的收入，这对于上季度5亿美元左右利润的阿迪达斯来说，也是一笔不小的收入。

2021年12月，国内茶饮品牌"奈雪的茶"在庆祝品牌6周年的生日会上，正式官宣了一个元宇宙IP形象"NAYUKI"，其NFT产品上市1秒即售罄。在汽车行业，劳斯莱斯、法拉利、保时捷、宝马等汽车品牌都相继进军元宇宙，并推出NFT产品。劳斯莱斯在2021年10月底为了宣传Black Badge车型，把同款NFT产品作为赠品送给车主。疫情期间，博物馆线下客流受到极大影响，而在线上，很多博物馆通过NFT赢得了更多曝光率。目前，国内有十余家博物馆通过蚂蚁链平台来试水数字藏品。例如，基于湖南省博物馆镇馆之宝"T形帛画"设计而成的四枚数字藏品，通过蚂蚁链平台获得人们的广泛关注。

趁着人们对新科技还保有一定的好奇心，传统品牌只要拥有知名度就可以通过NFT来快速变现，但这并不是长期可持续的发展方式，因为它利用NFT形式多于NFT本质。

NFT发展的第二个阶段是多方参与的协同创新的阶段。

到了这一阶段，NFT起到的作用不仅是用新方式来解决老问题，还可以用来进行创新活动。随着科技进步，创新的门槛变得越来越高，尤其是重要的创新成果往往需要多位参与者发挥各自专长，从而完成协同创新。因此，对创新的协调与管理变得愈加重要。通过区块链技术，元宇宙能够清晰地记录创新活动的发展路径，上链信息，使其公开可见：一方面，数据可以全网共享，研究者可以根据研究所需，寻找合适的研究材料，以此提升效率；另一方面，研究者对创新拥有明确的所有权，创新被采纳、传播的路径也容易追溯，这对研究者的知识工作给予了充分尊重，还为创造者提供了知识产生价值的重要依据。

我们可以将创新进一步分为目标问题分类、数据上链与共享、理论成果管理和创新路径及评价四个部分。

（1）目标问题分类。在不同场景下，目标问题又可以进一步细分为各个理论目标问题，例如交通相关场景下可能存在的路径优化问题，病毒学场景下的致病原理、病源宿主问题等。这类应急理论问题大多由政府智囊团、科研型院校、机构、企业、团队或个人提出，一般输出结果是论文、模型或政策建议。

（2）数据上链与共享。目标问题的相关数据（研究对象数据、研究过程数据、实验论证数据等）全部上链，且全网可见，然后其他节点可以在前序研究基础上进行深化，以节省时间。

（3）理论成果管理。与应对公共事件相关的创新研究，由于时间紧迫，需要立即发布并共享成果，而不是走传统的投稿、审稿、公开的流程。将研究过程和结果上链，有助于确定创新者的贡献。

（4）创新路径及评价。应急理论问题的创新要与时间赛跑，不像传统理论研究可以由同一个课题组慢慢制订计划、逐步实施，它最终的创新成果很可能涉及多个贡献者或研究团队，彼此的研究成果很可能是互相依附的关系。而区块链技术可以提供清晰的存证，再结合AI算法来分析该成果的相关研究里程碑及贡献度，然后利用通证，根据创新成果和所占贡献比来奖励各个贡献节点。此外，通证也可以用来处理创新所属权的纠纷，判断是否有剽窃、弄虚作假等学术不端行为，并依此进行惩罚。

区块链技术的优势就在于，不同领域、不同阶段的协作可以通过不同种类的NFT来进行细致操作，既有激励机制，又具灵活性，还能够支持不同周期、不同细分领域的协同创新。

NFT发展的第三个阶段是NFT的招牌效应的阶段。

不同于第一阶段，传统品牌可通过已有的知名度来快速变现，第三阶段的招牌效应要通过NFT自身积累的价值才能体现。NFT产品经过一系列历时性的交互，最终让品牌沉淀出极具辨识度和影响力的成果。例如，某个NFT产品背后的主体在AI技术创新方面有独到见解，认知水平较高，在很多项目早期阶段就有很多交互记录，甚至得到投资支持。随着这些项目逐渐成熟，这些记录被清晰存证，这不仅能为主体带来丰厚回报，还能让该NFT产品名声大噪。那么自然而然地，该NFT产品在这一领域就会吸引更多关注者，其一举一动都可能对品牌或行业生态产生影响，这就是NFT的招牌效应。

这种招牌效应也可以看作主体在元宇宙中具备的高权重值。我们曾在双重利率定价机制中引入认知利率，这一机制看似简单，却能利用知识经济，带来巨大的正向激励。所有的历史交易被记录下来，并呈现给所有用户，这会鼓励大家积极参与，提升认知。每一个用户的初始权重系数 w 都是 50%，w 的数值与用户的信用（历史交易记录）以及认知水平（认知利率）相关。从这一角度来看，在双重利率定价法中，用户的知识或认知得以量化。传统的成交价更多地体现的是买卖双方的议价能力或双方在市场中的地位。认知价和权重允许卖家保留自己对价格的意见，它们是与交易者认知水平相关的参数，参与者对票据资产、风险和市场变化的认知也都可以通过认知价和权重来体现。其中，时间是重要因素。在某些特殊时间点，敏锐的用户察觉到市场的变化，再发行并交易票据，这体现出卖家对市场的强认知能力。

在具体的实施中，双重利率模型会根据不同的应用类型进行相应的调整。我们以商业汇票为例：商业汇票具有生命周期，一般来说，越临近承兑日期，用户和市场对该票据了解得越透彻，对其价值的评估越准确。假如针对有效期为 180 天的汇票，汇票面额为 500万元，初始持票人为 A，在票据的生命周期内，发生了 5 笔有效交易：

（1）A 的权重系数为 50%，在第 30 天，A 的认知利率为 5.00%，同时将票据以 6.50% 的成交利率卖给 B；

（2）B 的权重系数为 40%，在第 60 天，B 的认知利率为 4.50%，同时将票据以 5.50% 的成交利率卖给 C；

（3）在 C 持有票据的期间，票据的承兑公司被爆出负面新闻，C急于将票据出售，在第 75 天，C 的认知利率反弹至 5.50% 并以成交利率 6.10% 将票据卖给 D；

（4）随着负面新闻的澄清，市场用户对该票据的信心回升，在第 105 天，D 又将票据卖回给初始持有者 A；

（5）第 165 天，距离票据承兑还有 15 天，A 以 2.30% 的成交利率将票据卖给 E，E 持有票据直至该票据被成功承兑。

图7-4给出了三种利率随着交易时间的变化走势，横轴为时间（成交日顺序），纵轴为利率。当生命周期结束时，票据成功承兑，各个历史买家按照合约既定的规则对相应的卖家进行补偿。在双重利率定价的过程中，每一笔交易的卖方都要给出一个认知价。卖方的权重系数是在双方交易前就约定好的，在交易过程中不可更改，而票据的最终承兑价是确定的，即票面价值本身。

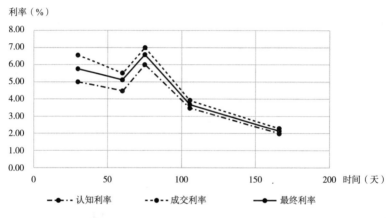

利率（%）

图7-4　双利率定价法中的交易利率走势示意图

每位用户的权重系数会根据各自的历史交易（信用记录）和认知水平的变化而相应改变，即用户的认知得以量化，知识得以产生真实的经济效果。交易历史从一定程度上反映了用户的信用和道德水平，也能在双重定价机制中产生实际价值。

在一般情况下，w 不应该趋近于 0。虽然新入场的卖家可能会接受偏低的成交价，但其给出的认知价会被记录在案，作为最后清算时获得补偿的依据。随着卖家信誉提升，卖家的认知价与中间价越来越接近，这表示卖家的认知能力越来越强，那么 w 也会逐渐上升。

在票据的生命周期结束之前，票据可以被多次交易。不过，票据也有被违约的风险，但这对单个买家而言，意味着损失减少了，这是因为所有的历史买家共同承担了风险。假如票据在生命周期终结时只有部分承兑，那么只要承兑价格在中间价之上，它仍可算作合格的票据。

对任何一位用户而言，最有利的交易方式就是通过引入合格的票据资产，给出相对合理的认知价格，并且维持诚信的交易。这样用户能迅速证明自己的认知能力，就不会处于弱势地位，反而会在协商成交价格时变得越来越有优势。在清算时，契合的认知利率又能让卖家得到合适的补偿，进而促使卖家放心地将更多优质的票据放入市场，进一步积累信誉，产生良性循环。基于这种机制，市场鼓励和强调的是认知能力及良好信誉，这有助于从根源上阻断形成柠檬市场的可能性。

双重利率定价法不仅能够用于票据交易，还可应用于其他形式的金融产品交易。笔者提出了权重系数的初步方案，如公式7-1所示，其中λ为大于0的调整参数；F为多元函数，用来表示该用户认知水平与其他用户认知水平以及最终票据承兑情况之间的关系。当一位用户的认知利率低于其他用户的认知利率时，若票据成功承兑，那么该用户的权重系数增加；若票据违约，那么该用户的权重系数降低。

$$w_i = \lambda \cdot F(\sum_{j=1}^{n} r_{\text{cognition}, j}, r_{\text{cognition}, i}, ratio) \qquad (7-1)$$

这里的认知权重系数只是描述了最主要的调整原则，当针对具体的应用领域时，该模型也会相应调整、更新、变换。在实际落地过程中，这一模型还需要不断迭代改进。我们相信，其设计思想对元宇宙将起到积极的良性调节作用。

第八章
自我意识将在元宇宙中重新觉醒

元宇宙是个庞大的网络世界，我们未来要想提高它的效率，必须让它形成自我意识，能对秩序进行构建与感知。如果没有自我意识，网络世界就会乱成一团，交互协作的效率也会很低。可以说，自我意识是元宇宙潜力觉醒至关重要的一步。在此基础上，元宇宙才有可能有效地支撑丰富而个性化的交互，维持健康网络生态。

个体在元宇宙中并非追求重塑五感

有了DID作为用户进入元宇宙的入口，又有了NFT作为身份、资源、信用的一种凭证，元宇宙的用户们已经摩拳擦掌，准备在元宇宙中行动起来。那么，在元宇宙中，我们到底应该做点什么呢？

既然它叫元宇宙，是不是应该具备我们在物理宇宙中的体验？从模拟人体生命体征的角度来说，在元宇宙中重塑人类的五感是一件必须实现的事情。

五感，即触觉、嗅觉、味觉、听觉、视觉，是人类感知世界、了解世界最基本的五种感觉。五感是人类对物质世界最基本的认识来源，在某种程度上，五感也决定了人类意识对物质世界的认知水平。

从人类进化意义上说，五感中最重要的是触觉。成人大脑约有 1 000 亿个神经元，但婴儿在母体内时，神经元之间的连接很少（或很弱）。婴儿刚出生时脑重量约为370克，到两岁时，脑重量约为出生时的三倍，三岁时已经接近成人的脑重量。在这个阶段，脑重量的增加伴随着神经元间连接的大量增加。我们认为，在这个阶段，外界对皮肤的刺激是温暖、疼痛等强性刺激，使婴儿产生了自我与外界的区分意识。对比来看，很多生物具有高度发达的视觉系统、嗅觉系统，却没有发展出与人相媲美的智能，这可能是因为视觉、嗅觉等刺激不容易让它们将自我与外界区分开来。

波特曼（Portmann）提出的"分娩困境"暗示，婴儿在母体内就发育出较成熟的大脑对婴儿会更有利（这也意味着长达18～20个月的孕期）。我们认为，出生后发育成熟的大脑会更有利于婴儿的未来发展，因为只有在婴儿感知世界的过程中大脑内神经元之间的连接建立起来，才能使个体产生强烈的自我意识和卓越的智能。例如，鸡和乌鸦都是卵生动物，小鸡出壳不久就能走路与进食，但乌鸦刚出生时没有绒毛，也没有视力，无法离开鸟巢，需要亲鸟饲喂一个月左右才能独立活动。但许多数据显示，乌鸦才是最聪明的鸟类之一，鸡的智能则远不及乌鸦。

恐龙统治地球那么长时间，却没有任何证据表明它们具有高级智能。恐龙最早出现在2.3亿年前的三叠纪，灭亡于6 500万年前的白垩纪晚期，在地球上生活了1.7亿年。相比之下，最早的人类化石形成于约700万年前，人类智能的高速进化是在过去的几百万年内完成的。相对人类而言，恐龙皮糙肉厚，这可能是恐龙未能发展出高级智能的原因。高级智能似乎不是在足够长的时间内单纯依靠

"物竞天择、适者生存"的进化规律就能形成的。

在大脑快速发育过程中，个体不仅要具有清晰的边界感，还要能适应环境，存活下来。因此，只有在特殊条件下产生的基因突变，才能导致高级智能的诞生。所以，在宇宙中，有高级智能生物的星球可能非常少，费米悖论也可以看作支持这一观点的一个间接证据。

哺乳动物有一套完整的感觉系统，基因突变引起的毛发减少、皮肤变得敏感，为人体与外界提供了明晰的物理边界，也为人类对自我和外界的划分意识（原意识）提供了物理基础。随着大脑快速发育、神经元不断建立连接，这种关于自我和外界的划分意识演变成关于自我和世界的观念，从而形成强烈的自我意识，进而产生高级智能。我们把这整个演化过程定义为"触觉大脑假说"，如图8-1所示。

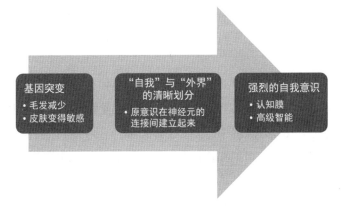

图8-1 触觉大脑假说示意图

触觉在生命进化意义上具有特殊地位。个体感受到的触觉大多是指压力、刺痛等物理感受，这些感受在不同个体之间差异较大，所以它们在元宇宙的环境下并不容易模拟。即使花费了很多力气通过传感技术让我们感受到触觉，这种感受在元宇宙中也并不是必需的。

类似的还有味觉与嗅觉。形容味道与气味的词在中文的常用语中并不算多，不外乎围绕着"酸、甜、苦、辣、麻、咸、淡、香、臭"等字眼。但不同人的喜恶是截然不同的，比如对榴莲、螺蛳粉、香菜等的感受。在元宇宙中大费周折来模拟这些极具个体化的感受，只怕是费力不讨好。

由此可以看出，五感中有三感都不容易在元宇宙中模拟，而且它们对我们进入元宇宙进行交互而言，并非不可或缺的元素。这也说明，在元宇宙中重塑五感并不容易，实际上也没有必要。因为这不仅意味着消耗巨资，还是对元宇宙主要作用的一种误解。当然，幸运的是，五感中剩下的视觉与听觉，在元宇宙中是适合通过模拟来实现的，否则元宇宙将成为人类完全无法感知、只能意会的意识世界了。

现在AR/VR和游戏产业与元宇宙结合得如火如荼，也印证了在元宇宙中模拟视听的可行性，不过，视听感受在元宇宙环境中也有趋同之势。在物理世界中，因为主体差异，不同个体之间视力可能相差很多，听觉也可能相差很多，但在元宇宙中，视听差异会变得特别小甚至趋同。例如，抖音等软件提供的美颜、美声技术已经流行、普及，大家或多或少地倾向于将个人的视觉、听觉数据（视频、图像、歌曲等）进行编改，调整为符合大众审美的类型，从而在朋友圈里更有吸引力，这就是一种趋同。

在元宇宙中，视觉和听觉的模拟是最直接的，而且与其他感觉相比，能够提供大量感知数据，并足以让主体产生代入感（而非沉浸感）。在元宇宙中重塑五感，是为了追求沉浸式的体验，而这种追求需要付出巨大的资金与时间，并且这可能是一个没有止境的优化过程。因此，我们主张另一种思路：先强调代入感，让元宇宙技术在发展中落地，在落地推进中持续迭代发展。

我们可以通过一个例子来感受一下浸入感与代入感的区别。比如，用户希望通过元宇宙技术让自己感受到攀登喜马拉雅山的感觉。如果是沉浸式体验，用户需要借助传感技术来获得多种体验，不但要求视觉、音效上的立体逼真，而且要考虑到温度、重力甚至能量消耗等感受，这种对真实感觉的追求可以说是没有止境的。这种沉浸感的实现难度与成本不容小觑，也决定了其在元宇宙的早期无法迅速普及到普通人中去。

如果是代入感，我们就只需要让主体产生一种生动的感受，比如以视觉和听觉为主的感受，就好像爬山的视角或雄鹰翱翔的视角，让用户有第一视角的体验。代入感之所以在第一重境界里更重要，就是因为它考虑到了人体具有强适应性的特点，从而使得所需的软硬件技术成本更低，也更有可能真正落地。就像是从2D电影到3D电影的切换，我们刚开始看3D画面可能会感觉有点奇怪或不适，但大脑、视觉神经很快就能适应这种3D立体氛围，而对硬件来说，影院并不需要更换屏幕，只需要提供价格便宜的3D眼镜即可。未来裸眼3D技术的持续发展，可能进一步降低硬件成本，让代入感的实现变得更简便。

在元宇宙发展初期，代入感能让我们开辟出许多全新的、有实际应用意义的场景。以获取代入感为主的分身，只需要在对应场景中采用适当的软硬件技术即可实现既定功能，比如在需要视觉功能的场景中使用摄像头,当需要物理操作时使用机械手臂,等等。

我们提出的分身机器人主要是利用区块链底层技术实现的,并且需要由所有者通过一段时间的训练或教育(语言交互或数据输入),逐渐习得主体的习惯及特征。由于背后是人类主体在操控,所以在某种程度上,分身就可以代表所有者本人与外界进行交互。例如,我们可以让分身机器人与我们扭头、注意力转向同步,用它来远程查阅资料、签署文件,甚至进行只有所有者自身有权限的隐私操作(查询密码、打开授权门禁等)。由图8-2可知,一个认知主体通常拥有多个远程分身。

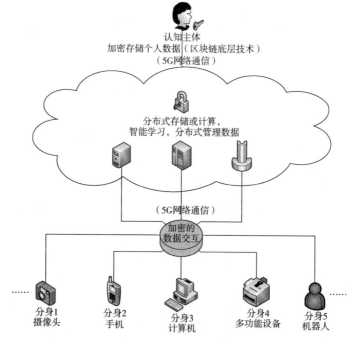

图8-2 分身机器人使用场景示意图

区块链技术主要用于主体与分身之间的数据传输的加密，一方面保证个人数据的绝对安全性，另一方面掌握不可篡改的历史记录（存证）。存证不但提供了可信性记录，而且为人工智能技术的引入留下了重要接口。AI可以根据历史记录对用户（审计员）的行为数据进行收集与分析，以迅速了解其行为习惯及特征，从而逐渐发展出人机结合的交互方式，便于让一个所有者同时拥有并管理多个分身。不同的分身之间也可以交互，但彼此并不需要完全一样，而是根据所有者使用分身时目的不同而具有差异化的特点。在不同领域，注意力的焦点也会有所差异，但总体特征与主体依然一致。

分身提供的代入感可以为我们的工作、学习、生活提供诸多便利与新场景。

（1）远程审计机器人。

5G远程审计分身机器人系统以物流链为切入场景，在各仓库、集散地等场所设置远程机器人，由真实的审计员负责远程操作，且一切操作数据、机器人获取的数据都如实记录在案，无法被二次修改，有作假记录的数据则不被采纳。物联网只依靠机器、探头获取数据，依然有被黑、作假的风险，而5G远程审计这种设计不仅是更灵活有效的方式，还能够将人引入这个智能区块链网络，为人类找到了一种不可被轻易取代的贡献方式。5G远程审计不仅可以应用于物流或物联网领域，还可以广泛应用到各种生活和工作环节中，这在未来人类面对机器的挑战中将会发挥巨大的作用。

（2）人工辅助的远程驾驶系统（车辆、飞机等）。

分身机器人也可以应用于无人驾驶。现在的无人驾驶技术主要是通过各种传感设备收集并分析路况数据来实现的，包括分析地图、地形路线等，尤其是对全新路径的学习需要花费非常高昂的物力和财力成本。采用了分身的无人驾驶本质上是人工辅助的远程驾驶，并不需要驾驶员坐在车内，但车辆是由人类驾驶员掌控的。这样的好处是，人类驾驶员学习新路线的成本非常低，并且与车内乘客的沟通更准确，而乘客也不用担心遭遇类似滴滴打车等安全事故。驾驶公司可以通过小组的形式来集中驾驶员，驾驶员不再需要连续长时间地工作，工作模式变得更加健康、自由，而且当技术趋于成熟时，一个驾驶员可以辅助驾驶多辆汽车。实际上，人工辅助的远程驾驶系统并不局限于车辆的驾驶，也可以扩展到其他交通工具。具体的实现技术将包括远程通信、数据安全（比如不被其他人黑掉汽车控制权）、保证驾驶控制和数据交互的持续性等。

元宇宙将赋予人类超越性的感官

感官是人类接受外界信号的来源。19世纪赫尔曼·冯·亥姆霍兹（Hermann von Helmholtz）研究表示，大脑以概率的方式计算和感知世界，并根据感官输入情况不断地做出预测和信念调整。大脑可看作一个旨在最大限度地减少预测误差的"推理引擎"。卡尔·弗里斯顿（Karl Friston）提出"自由能量"，即个体所期望进入的状态和个体感官感受的状态之间的差异，并认为自由能量就是生命及其智能的组织原理。在弗里斯顿看来，生命的目标就是最小化自由能量。换句话说，最大限度地减少自由能量，就是在降低意外度。在这里，减少的目的是缩短自我期望和感官感受的差距，也就是使自己的生活和期望之间的差距尽可能地缩小。比如，当个体感受到寒冷时，生命首先就是想要变得暖和。无论是通过吸取外部火源的热量（主动改变），还是通过多穿衣服来减少内部热量的损耗（内部改变），本质上都是为了减少暖和这件事情在现实和理想中的差距，从而使得自己对于现实的意外感尽可能减少。

大脑汲取身体感受器里数十亿的信息，并十分高效地将这些信息组装成一个准确的外部世界模型。在预测一轮又一轮的感官信息时，大脑根据感官回传的信息不断做出推断、信念更新，并试图将预测误差最小化。上述的大脑运行理念很像贝叶斯概率机，也就是亥姆霍兹说的"推理引擎"。弗里斯顿认为，贝叶斯模型就是自由能量原理的基础，但贝叶斯模型只能解释信念与知觉之间的相互作用，并不指导身体外形或肢体动作。因此，弗里斯顿使用了"主动推理"一词来描述世界上的有机体最大限度地降低意外度的方式。当大脑做出的预测尚未被感官回传的信息即刻证实时，大脑可能通过以下两种方式来最小化自由能量：修改预测，接受意外度，并更新外部世界模型；使预测成真。比如，当我们饥饿的时候，大脑的本能预测是饥饿可能导致生命特征的消失。此时，为了尽可能最小化自由能量，大脑可能采取两种方式。第一种是告诉自己在减肥，饥饿是减肥过程中必须经历的一个步骤。通过这种更新解释模型的方式，我们让自己的大脑修改期望，从而不去理睬饥饿。还有一种方式就是，我们通过饮食来增加体内营养，从而满足大脑的期望。

而元宇宙作为人类世界的超级大脑，很有可能在融合人类与机器智能的基础上，为参与者提供新的进化环境，让主体进化出新的感官功能。

我们认为，进化的过程应该是先有功能，然后功能与结构一起反复迭代、演化。有了功能，进化的速度就会变得非常快。比如眼睛的进化，很可能是首先产生了视觉的功能。神创论者认为，眼睛是十分复杂且精密的器官，不可能由粒子无序碰撞、结合而产生。

司马贺认为，眼睛的进化类似钟表制造过程，是由各个具备一定功能的小的零部件组合而成的。只有这样，进化才无须从粒子层面出发，速度自然就会加快。但如果眼睛是由零部件组成的，那么为了保证零部件组合起来能够正常运作，就必须有某种已经成形的智能机制。另外，在最开始没有零件的情况下，是谁定义了零件的运作机制呢？这样还是不能清楚解释眼睛产生的根源。神创论者以及以司马贺为代表的学者，他们的基本假设都是先有结构，再有功能。一开始眼睛的雏形不会很精细，或许只能感受到明暗的差别，但它能为眼睛的进化提供方向。随着时间的推移，视觉功能与眼睛的结构结合，经过长时间的共同进化，使得眼睛的结构变得越来越精巧，视觉能力逐渐增强，最终眼睛能够分辨各种色彩与事物。

与眼睛的迭代、进化类似，我们认为生命也是从简单结构逐渐演化成复杂形态的。生命的最初状态应该是单细胞，所以大多数人倾向于先考察细胞的构造，他们认为先有细胞核再有细胞的整体。但也有人认为，生命的最初状态可能是细胞膜，因为细胞膜不仅保护了细胞内部物质，还使得细胞具备了能与外界区分开来的独立性。在此之后，细胞内部才逐渐生出细胞核和细胞质等物质。随着时间的推移，细胞不断进化：一方面，功能为结构的发展提供了方向；另一方面，结构的发展又进一步强化了功能本身，最终才形成完整且明晰的构造。这个过程的要义是，功能与结构纠缠在一起，共同进化，而非先有明确的结构才产生了相应的功能。

有人可能会提出疑问：小鸟、昆虫等动物虽然具有领地意识，但不一定有独立意识，可能只是单纯地为了更好地生存和繁殖才产生了这种领地意识，这是"自私的基因"①在起作用。

　　一方面，这可以通过实验观测来进行判断。另一方面，如果真的是"自私的基因"在起作用，那么人类还必须回答基因从何而来的问题。我们当然可以认为基因是由粒子自由碰撞产生的，但这种演化只是诸多可能性中的一种。基因也好，眼睛也罢，如果真的只是随机碰撞产生的结果，要想演化到今天的水平，需要异常久远的时间。可想而知，今天人类的眼睛特征和动物的不会如此相近，反而应该是因为这种碰撞产生各种意想不到的演化方向。因此，进化更可能是从边界开始的，并且带着功能目的。先有了功能，然后功能与结构相互迭代，这样的进化才会高效且结果趋于收敛。

　　结构与功能的迭代进化不仅体现在生命进化上，还隐藏于很多概念的形成过程中。很多概念最开始的结构都很简单，二元对立是很多概念最开始产生时的初级形态。但是，人们在理解和使用这些概念时，会逐渐产生功能上的需求。当简单的概念结构无法满足功能上的需要时，人们就会对这个基本的概念进行适当的剖分和扩展，以满足现实生活的需要。比如"左"和"右"并不能精确地描述位置，最开始的自然数并不具备表示更大数目的功能。这个时候，我们就需要对概念进行进一步的剖分和扩展，因此"东西南北中"的概念随之产生。自然数的表示则更加细化，甚至可以说数字的概念就是随着人类认知边界的不断拓宽而持续发展的。随着文化的进步，人们对这些概念又会产生新的需求，这就会导致概念的进一步剖分，

---

① 《自私的基因》是英国演化理论学者理查德·道金斯创作的一本科普读物。道金斯认为，基因的基本特性就是"自私"，其表现为不断重复地拷贝自身，以便在进化过程中最大限度地生存和扩张。一切生命的繁殖、演化和进化的关键都是因为基因的"自私"。

比如：方向词之后又产生了360°的方位标识，自然数剖分出了有理数，有理数之间还产生了无理数的概念。功能需求和结构相互纠缠、互相推进，最终使得最初的概念变成了我们现在理解的样子，而这些概念可能还会随着人类认知的进步而再次得到丰富和升级。

理论进化亦然。思维的跃迁给了理论框架被剖分和被丰富的可能，而源于现实生活的功能需求是剖分和丰富的动力。此类功能需求就体现在满足解释现象时的自洽性要求和解决实际问题时的实用性要求上，而这些要求的根源都是自我肯定需求。同时，一个框架不一定能完全满足功能性的要求。这时，一个新的框架便会应运而生——既包含前一个框架，又能解释更多的现象，比如爱因斯坦的广义相对论就涵盖了牛顿万有引力定律和狭义相对论。另外，一种理论可能会产生各种不同的流派，比如：基督教最终分化为东正教和天主教，天主教徒又分化为新教徒和清教徒等；更有甚者，另立门户也未尝不可，最开始的基督教正是由信仰犹太教的一小部分人创立的，因为他们对世界有了新的解释与阐述。

生命体和概念体系的迭代进化，本质上体现了自我意识的结构和功能正是这样相互促进、相互发展的。自我意识一旦产生就难以抹去，初始的结构（自我与外界的二元剖分）已经满足了最初功能上的需求。但随着经验的积累，自我意识对现有的框架不断提出新的要求，促进自我意识的结构与功能迭代进化。

在元宇宙环境中，一旦主体进入元宇宙，逐渐适应这种环境并与之共同进化，元宇宙就将赋予参与的主体以新的感官，并且由于元宇宙的特性所在，这些感官很可能是超越时空的，所以元宇宙是我们真正应该发力的领域。

我们在前面已经讨论了，在传统的、个人体验的五感中，触觉、味觉、嗅觉因为主体感受差异较大，实际上是比较难定义的。即使通过传感技术将它们带进元宇宙，它们似乎也没有那么重要，至少现在还不是时候。因为即使五感都得以模拟，元宇宙依然无法取代现实世界，无法取代我们的各种器官。作为主体，我们非常需要与物理世界接触，比如感受自然的美丽，获得能量，让身体休息，等等。

我们完全可以把元宇宙看作对原来物理世界的一个超越，虽然元宇宙并不能完全独立，但它可以达到我们希望的境界，是实现希望的一个场景。在元宇宙中，我们能够轻松地超越时空，这才是未来我们会充分运用的地方。

也就是说，元宇宙里的时空不会像物理时空那样有着诸多限制。在元宇宙中，数据的可追溯可以让我们回到过去，甚至时间也可以倒回重来。这是我们希望保留的部分，也是需要我们进行更多探索的部分。

因此，虽然现在我们在元宇宙中最看重的是对真实性的模拟等内容，但慢慢地，随着元宇宙时空超越性的发挥，对真实性的追求就不再是最重要的。而恰恰是背后的认知或把控能力，即意识层面的内容，将变得更有价值。元宇宙中意识的内容将越来越丰富，让我们能够"以有限驾驭无限"。

我们构想的是，元宇宙给每个主体平等的机会来理解世界，但由主体决定如何看待这个世界，由主体判断哪些东西是重要的且应该被记录到元宇宙中的。这些都是由每个主体把握的。

因为在理解世界的意义上，并没有绝对的真相，同一件事在每个主体看来都会有一个自己主观视角的真相。在元宇宙中，我们不做整齐划一的决断，而是通过人这一主体，把物理世界的一些内容迁移到元宇宙里，这样就构成了元宇宙的本体。

一旦内容上链就会变成元宇宙中的一个事件，变成一个要处理的事物，而没有上传进来的内容就不是元宇宙的本体，至少不是主体认为需要优先处理的。所以我们可能会发现，我们要想驾驭、改变真实的物理世界，就需要把物理世界中的很多内容都搬上元宇宙。但是，很显然，我们不可能把物理世界完完全全地搬上去，我们的算力、存储能力都还远远不够。哪怕是一杯饮料、一道菜，从体积、重量、颜色，甚至到分子种类、粒子数，都是无穷复杂的。因此，我们能搬上元宇宙的内容依然是我们自己理解的东西，也是对我们来说重要的、以后有需要还能反馈回来的内容。

元宇宙不仅给人提供了一个实现理想的自己、理想的世界的新环境，还让我们能超越自己的过去。从感知的角度来看，虽然从个体的、物理的角度来说，感知都非常有限，一个主体只能感知当前的、小区间内的部分内容，但到了元宇宙中，分布式感知让主体得以在更广阔的范围内感知，并把不同节点的观测整合起来，形成一个全局感知，这就是对过去感知的超越。

比如对天气的感知，雷达能通过观测云图来提供三维的雷达数据，但我们人类个体的感知方式可能就是看看天空，感受一下气压，有没有觉得燥热，或是体验空气中的湿度，等等。那么，从感知的意义上说，雷达远远超过了人。还有对海洋的感知，除了渔民可能拥有一些判断海洋情况的感知条件，普通人对大海的感知甚少。但是现在有了各种设备，人类对海洋里的温度、海流等情况的了解，就是突破了过去的新知识，这也是一种感知的超越，而这些机器感知的内容都可以放进元宇宙里。

到了元宇宙的未来阶段，自我意识将和虚拟世界更好地融合。

而这种融合则意味着人类首次真正自由地适应自己的感官，甚至是有意识地进行进化上的干预。正因如此，在元宇宙中，人类感官能够得到更深入的进化和超越也是一件必然的事情。

我们认为，在元宇宙阶段，人类感官将从自然的无意识进化阶段中摆脱出来，进入一种有意识的进化阶段。在这个阶段，感官上的进化应当和数字化的元宇宙进行充分融合。数字化的手段将使得人类的意识能够充分地表现出来，并对元宇宙中的感官进化进行干预；而反过来，这种干预会逐步缓慢地影响人类自身的感官。在元宇宙中，感官将超越自身原有的生物属性，同时会带有超越自然进化本身的演化特征。在元宇宙中，感官反映自我意识，同时自我意识也通过感官的进化得到进一步增强。

意识决定了元宇宙里的个体差异

既然在元宇宙中，不同个体的听觉和视觉可能会趋同，那么个体之间最重要的不同体现在哪里呢？那是我们的认知，我们对整个场景、整个宇宙的认知，还有对它的操控能力、统摄能力。认知会逐渐变成元宇宙中区别不同个体的最重要的特征，因为其他个体特征之间的差异将变小。

因此，在元宇宙中，个体之间真正竞争的其实就是我们的认知，是我们对这个真实世界的认知和把控。我们前面讨论的通证、NFT恰恰是我们认知的工具。我们通过认知来实现自动的分组、分层，最终组成不同的DAO。

从理论上讲，我们可以把所有的数据都上传到元宇宙中。但实际上，有长久价值的东西是有限的。我们最终需要记住的是重要的东西，就好像我们记录历史，往往会摘选重要事件，寥寥数笔就跨越数十年；抑或人在一生中感知了那么多东西，到头来能记住的只是少数重要的内容。

我们相信元宇宙也是这样的，它最终只需要记住少量数据，而这一点可能跟大多数人的想法不同。很多人都以为，一定要强调区块链的不可篡改性，要在元宇宙中把所有数据都记录下来，都做存证，但这是不必要的，也难以做到。

我们的意识可以上传到元宇宙中，但只能部分上传，而不能完整地上传，因为我们并不是生活在模拟矩阵中。我们与元宇宙的关系就是，我们可以在元宇宙中有自己的分身，延伸自己。可能也有人说，在元宇宙中，我们一样能过物理宇宙的日子，我的观点是不可能的，因为我们还是要生活在真实的物理世界里。

元宇宙可以是一个理想的世界，但其本质上是次世界[①]。正如 *reality+* 这本书所说，我们在虚拟世界里也可以有一个有意义的人生。就像庄子梦到了蝴蝶，庄子是第一性[②]的，拥有蝴蝶的梦中世界再美好，留下来的仍然是以庄子的身份感知到的美好。这个顺序是不能颠倒的。

元宇宙是人类意识的延伸，能丰富我们在物理世界的人生，但不能完全超越和取代物理世界。这两者的关系有点像情感与理智的关系。我们生命里有情感部分或直觉部分，以及理智部分。理智听起来是很重要的，但是我们大脑皮质里发生的事情似乎更重要。不

---

① 次世界（secondary world）是一个相对于现实物理世界的概念。次世界可以看作人们想象的、由意识建构的世界。

② 第一性可以被视为本质的、根本的属性。

过，这不能说明我们只需要大脑皮质，而不需要其他的神经系统、分泌系统。虽然情感、主观的内容从某种意义来讲似乎是降低效率的因素，但是离开这些直觉的东西，实际上理智的东西也就没有了根，变得虚幻，会随时消散。

自我的延伸与成长不仅仅局限在物理空间这个维度上。内心的强大实际上是自我的圆融，即当个体的自我肯定需求不断得到满足时，应对外界就能够融会贯通，自我也会越来越强大，能够包含的内容也越来越多。也就是说，个体成长到一定阶段，就可能达到一种超脱的状态。

如果不理解元宇宙"从哪里来"，那么面对人工智能的挑战，我们更无法回避元宇宙"该往哪里去"的拷问。我们为休谟问题[①]的解答提供了一个新的思考点——自我意识。连续的物质运动被自我意识分割成事和物，然后在此基础上被分类、赋予权重、赋予意义。价值命题可以从事实命题映射出来，也可以由自我意识生发出来。

爱因斯坦说："世界上最无法理解的事情，就是它是可理解的。"这个世界的可理解性在于人类能对世界进行自我与外界的划分，人与人之间的可理解性在于认知主体具有相同的原意识。图灵机不能自发产生自我意识和价值体系，但人类能够赋予图灵机这种功能。真正的挑战在于赋予何种价值体系，使得元宇宙中不同体系之间能够互相理解、竞争并进化。只有引导元宇宙形成自我意识，才更有可能实现人机和平相处、共同发展。

---

① 休谟问题，即所谓从"是"能否推出"应该"的问题，也即"事实"命题能否推导出"价值"命题的问题，是休谟在《人性论》中提出的一个著名问题。

人的延伸中最重要的就是意识的延伸、精神世界的延伸。那精神世界为什么会产生呢？从进化意义上看，生命一旦产生，就开始脱域，也就是要摆脱当下物理条件的束缚，跟物理世界开始分离。

发展到元宇宙这一阶段，实际上人类的脱域会更进一步，因为我们要在这里体验以前不能体验的东西，尽管有些穿越时空的东西的确是以前体验不到的，但也不是以前绝对没有的。比如时空倒错，这在我们以前的梦想里、小说里都曾经出现过，实际上人们一直都在设想这种场景，只不过以前我们只能把它当成一种虚构的东西。

一个理论体系或信仰体系对人的影响也是很真实的，也不比物质对物理世界的影响弱。虽然虚构的东西也能通过小说、电影等媒介对人产生影响，但在元宇宙里，这些影响变成可以感知的体验，对人的影响会更直接、更强烈，这些可能的影响得到了进一步的强化。

但是，我们应当朝哪个方向强化呢？可能是元宇宙中各个节点共同朝前推进的结果。个体的作用都是从每个人建立的数据本体开始的。在数据本体上，这些积累的智能活动、意识活动，作为第二、三层的隐身内容及其影响逐渐凸显出来，并指引个体向前发展。

元宇宙作为人类意识世界的延伸，确实难以简单说清楚，因为意识本身就是一个世纪难题。哲学家大卫·查默斯提出了"意识的难题"这个术语。容易的问题看似复杂，实则可以解决，所需要的只不过是指定一种能够执行该功能的机制，而看似简单的意识问题才是难题。意识的难题要求解释我们如何或为什么有感质或现象体验，以及感觉（如颜色和味道）是如何获得特征的。

斯考特·阿隆森（Scott Aaronson）和迈克斯·泰格马克（Max Tegmark）将意识问题分为四个层次（见表8-1）。

（1）简单问题（easy problems）：大脑如何处理信息？智能如何

工作？

（2）相当难问题（pretty hard problem）：什么物理性质能区分有意识系统和无意识系统？

（3）更难的问题（even harder problem）：物理性质如何决定感质？

（4）真正难的问题（really hard problem）：为什么会出现意识？

表8-1　意识问题的四个层次

阿隆森[1]和泰格马克[2]的意识问题分类		解决方案
简单问题	大脑如何处理信息？ 智能如何工作？	人工神经网络[3] 机器人[4]
相当难问题	什么物理性质能区分有意识系统和无意识系统？	自我肯定需求[5]
更难的问题	物理性质如何决定感质？	认知坎陷定律[6]
真正难的问题	为什么会出现意识？	触觉大脑假说[7]

① Scott Aaronson. Why I am not an integrated information theorist[EB/OL].（2014-05-21）[2022-03-05]. https://scottaaronson.blog/?p=1799.

② [美]迈克斯·泰格马克. 生命3.0：人工智能时代，人类的进化与重生[M]. 汪婕舒，译. 杭州：浙江教育出版社，2018.

③ 蔡恒进. 论智能的起源、进化与未来[J]. 人民论坛·学术前沿，2017（10）：24-31.

④ 蔡恒进，蔡天琪，耿嘉伟. 人机智能融合的区块链系统[M]. 武汉：华中科技大学出版社，2019.

⑤ 蔡恒进. 中国崛起的历史定位与发展方式转变的切入点[J]. 财富涌现与流转，2012（3）：1-6.

⑥ 蔡恒进. 认知坎陷作为无执的存有[J]. 求索，2017（2）：63-67.

⑦ 蔡恒进. 触觉大脑假说、原意识和认知膜[J]. 科学技术哲学研究，2017（6）：48-52.

这些问题在过去难以回答，但现在我们能够尝试用一套统一的理论体系来解释这些问题。智能是特殊形式的意识。人类意识或高级智能的形成过程是：原意识→意识或认知坎陷→智能。智能的作用就是填补物理世界和主观目的之间的空缺，不过填补的方式或路径可以非常多，这些不同的方式或路径就会体现出高低不同的智能水平。如何衡量智能的高低？答案就是：在面对相同的物理环境和不同的主观愿望时，哪种方式或路径更节能、更高效……本底就是物理世界的目的。比如石球从山顶向下滚，其本来的运动轨迹是没有智能参与的、无意识的，满足了牛顿方程、量子方程，是可以计算出的。如果我们想改变这个运动轨迹，比如让石球滚到山后，就需要做出一些努力才能实现，比如挖轨道、填坑等。如果我们能找到鞍点，那么可能只用一点点力就可以达成目的，这就是高智能水平的体现。再比如水车，它是否算是有意识的呢？这取决于我们如何看待它。我们应该都能认同，水车本身不是物理世界中自然进化形成的产物，而是在人的意识、智能作用下由人类设计并建造出的。一旦水车建造完毕，按照既定目标运转，人类智能的作用在创造水车这件事情上就告一段落，而这个水车又可以看作这个物理世界的一部分（毕竟它已经切切实实地存在于世界上）。囊括了水车的物理世界可以作为更新后的本底，人类又可以继续以这个新的物理世界为本底继续进行意识的物质化工作，让智能产生作用，比如在水车上增加新的工具，以实现更复杂的功能目标。但追根究底，水车依然是人类（认知主体）意识的物质化结果，是人类意识的投射（凝聚）。

不论怎么定义或贴标签，我们始终可以把元宇宙当作人类世界的一个延伸——这是一个大的方向，而且是我们认为应该实现的方向。

这种延伸不单单是物理上的，更应当是意识上的。换言之，人类对于世界的看法、对于世界的反作用，目前只体现在各种器官上，未来很有可能要体现在智能上。只要做到了这一点，原来很多的冲突就能够被消除。当然我们也反对本质主义，但是我相信人性或者生命性有三个基本的特征：（1）有自我肯定需求；（2）人际具有可迁移性①，我们说的概念是能引起同类共鸣的意识单元，在这里我用的词汇是"认知坎陷"，它具有可迁移性这一特征；（3）有一个虚构的中心——自我，它通过附着与隧通，来保持整体性、独特性。这是人的三个基本特征，也是生命的特征。正是因为有了自我肯定，生命在宇宙中才有了意义，也正因为这一点，地球才得以演化出高级生命（尽管这一点是违反物理规律与宇宙规律的，这可以看作缺陷），所以这一点恰恰是要保留的。

当然，我们的未来会有一种结果：如果我们沿着本质主义的思路走，沿着强还原主义、强计算主义的思路走，那么人呈现出的意义是会泯灭的。而恰恰在图灵机范式下，即使人性面临泯灭的危险，它也能让人类回到纯理性状态或完美状态。这里所谓的"完美"是什么？实际上什么都没有才是完美的，无生命的东西才是天人合一的。从这个意义上看，人或者生命恰恰是反抗秩序、试图建立新秩序的。实际上，虚构未来的确是哲学、科学、艺术正在做的同一件事情，而"虚构"就是认知坎陷。

很多人担心这种建构会存在很多差别。的确如此，它有可能建

---

① 物理规律是普适的，不依赖于主体，可视作具有绝对可迁移性的代表；意识世界的产物具备相对可迁移性，虽然它们可以通过描述去迁移，但不同的人的理解可能不一样。人能够将抽象概念进行具象化表达并优化，在人际、代际间传播并达成共识，即形成了具备可迁移性的认知坎陷，而自我就是其中最原始的意识单元。

构出有神性的东西，这是我们要担心的。那么，是不是要五百年之后才需要担心，现在没有必要担心呢？我认为不是这样的，很多事情在三五年之内就会显现出来，比如：机器在专业领域逐项超越人类，人类应当如何应对？未来是让机器变得更像人，还是让人变得更像机器？等等，这些都是摆在我们面前的问题。有目共睹的是，人工智能的进步非常快。不过，这种进步很有可能带来很大的建设性和破坏性，这一点需要特别注意。

当然，这中间有类别之分。绝大多数人参与的是深度学习。其中，基础模型是一类；而另一类更有成效，是DeepMind，比如从AlphaGo、AlphaFold到最近的天气预报模型。我们以为，天气预报模型会和原来想象的一样，在计算机器强大之后会回归还原主义，通过第一性原理来计算。实际上，DeepMind的天气预报模型却没有回到那里。它不基于物理方程，虽然本身也近似于物理方程，而是回到数据本身。不过，这个预报模型比方程预报模型略胜一筹，因为其计算量明显少很多。原来的思路就是，我们可以尽量把精确的物理方程做好，然后解物理方程，给定初始条件、边界条件，如果随时有新的数据进来，改变这些交互数据即可。但现在DeepMind不走这条路线，因为只通过那些特征以及特征之间的关系，照样能做好预报工作，所以知道背后的物理公式不是必需的。只使用物理的方法可能还没有太多优势，要做非常多的计算，而且很多计算是无用的、重复的，而抓这些特征之间的关系通常会取得较好的效果。就好像同时解20个方程，会耗费大量的人力、物力，但最后你发现只有一两个关键因素决定了最终结果。因此，重新构建这一两个因素之间的关系显得至关重要。

人之所以看起来很神奇，就在于他能提取这些主要的关系，而不是去计较背后所有的细节。那么在元宇宙中，未来也是这样，不是还原论，不是将物理世界的东西全放进去后模拟，因为这种模拟是不成立的，是做不到的。

我们可以把人的意识赋予机器，让机器像人那样做预报，像老农那样做预报，而不是依靠原来的纯数据的预报模型。只不过机器现在能记得的特征远远多于一个老农，远远多于一个人通过自身学习可以得到的经验。在很大程度上，这是因为雷达数据的自然预报能力超过人。这一点恰恰反映了一个事实：我们不用回到第一性原理，从物理方程出发就能进行天气预报。

反推回去，AlphaFold也不像最早的量子方程那样预测蛋白质结构，而是用已有的资料和不完整数据来推测，它也无须回到强计算、强还原路径。AlphaGo可能更多的是从底层出发，更像是还原主义，尽管它并不是。DeepMind这条路径正在逐项地取得人类难以望其项背的成就。从AlphaGo、AlphaFold再到天气预报，这是我们已经看到的现实情况。

基础模型也在快速发展，比如自动驾驶。特斯拉等公司开发的自动驾驶通过大算力、大数据应用发展到能使用的地步，其进步非常之快。模型参数可以一年增长10倍，在不久的将来参数数量就能超过人脑神经元之间的连接数。人脑的反应速度是毫秒量级，而机器是纳秒量级，足有六个量级的巨大差异。

我们的确可以让机器变成个体自我的延伸，变成个体的分身，而不是让机器单独发展，变成一个纯粹的工具或是完全脱离人类掌控的造物。对这一点，我们并没有达成共识。我们的研究有可能做到这一点：通过区块链技术把人和机器连接起来，而不是用BCI等侵入方式把大脑跟机器连接起来。语言或认知坎陷有足够高的效率做可靠的连接，虽然主体之间的理解不是绝对可迁移性的，但是有相对的可迁移性已经足够了。比如，我们跟小孩子之间的交流并不需要通过物理方式把神经连接起来，而是通过语言就能够做到。我们跟机器也可以是这种关系。

回到更早的问题，为什么要把元宇宙理解为人的延伸？因为与人类相关的内容也是这样演化过来的。在我们的理解里，延伸是基于"我"，基于个体的。在原始人看来，采到的果子是他们的延伸，因为他们不希望别人拿走果子。假如原始人足够强大的话，他们会希望连果树都是他们的，这也是一种延伸。一个人有一家公司，这家公司可以是他的延伸。我们在使用机器的时候，也可以做这种延伸。

延伸的推进也意味着人类脱域程度的加深。在元宇宙的加持下，人类脱域会更进一步。通过各种技术营造的新体验，可以更具象化，也可以更抽象化，它们可以延伸自我，丰富意识世界。与此同时，我们不会脱离也无法脱离物理世界，物理世界对人类而言是美好的、不可取代的存在。

一些学者认为我们要等50年，可能要等到量子计算机应用普及，才能在元宇宙里实现所有的事情。这是另外一个蓝图，不能说它绝对的对与错，但至少不是我们理解的样子。我们认为的元宇宙是一个超级智能，这个超级智能不仅能进行强大的计算，还具备自我意识，能够感知内部主体之间的张力。

元宇宙的参与者之间存在差异、矛盾甚至冲突，就会产生张力，这种张力是最重要的参与者（人类）带进元宇宙的一种社会属性。元宇宙只有感知到这种张力，才谈得上寻找方案去缓解张力，维持健康生态。

第九章
为元宇宙立心

立心，是我国宋明思想家提出的关于道德修养的要求。北宋张载提出"为天地立心，为生民立命，为往圣继绝学，为万世开太平"的人生理想。天地无心而人有心，人类的意识与智慧丰富了物理世界，现在也要为元宇宙提供价值尺度，让人与机器在元宇宙中能自如地交互、延伸与进化。

元宇宙发展的三重境界

如今，我们已能够推算、讨论元宇宙的未来。我们认为，元宇宙的未来应该会经历三重境界。第一重境界，即百花齐放，可能很多人都想当"老大"，而元宇宙就能提供这种空间。但如果圈子比较封闭，节点无法进行有效交互，你就会在元宇宙中被边缘化。逐渐地，一些可迁移、有生命力的社区逐渐壮大，从而达到第二重境界，即诸神混战。比如喵星人、汪星人可以各玩各的，但是总归需要可迁移性，需要一些更普适的交互与共识。第三重境界是协同进化，即参与者之间能够竞争、合作，维持元宇宙的生态平衡与秩序。

百花齐放

我们把第一重境界称为马戏团（Circus），它就像一个大的游乐场，各类游玩项目百花齐放。

在第一重境界中，我们对元宇宙会形成各种理解，而且会看到很多负面的东西。就像比特币刚出来的时候，其负面内容可能较多，比如用于黑市交易，但是我们相信它未来会慢慢产生更多正面价值，有可能变成主权货币的一个锚定物。再比如核能，人类一开始利用其来制造核武器，但是它如今已经发展为一种清洁高效的能源。人类的负面情感、弱点一开始会在新的技术、新的场景里被放大，但人类意识世界的至善统摄依然会朝着正面的方向努力。

元宇宙的发展也应该这样。如今，虽然人类只是处于元宇宙的初级阶段，但好像所有的科技企业都在一窝蜂地爆炒这个概念，希望所有产品都能够和元宇宙挂上钩。这个时候，可能会有人说，这不就是泡沫吗？可我们认为，这个泡沫是应当的，也是必需的。正是因为有了这样的泡沫，现在才是真正百花齐放的阶段。无数的资金、无数的关注都会因为这样的泡沫而快速涌入，无数的才智、无数的欲望都会因为这样的泡沫而快速浮现。泡沫是百花齐放阶段的必然产物，只有形成了泡沫，百花齐放之后真正有价值的东西才会沉淀下来。其实，这里面的很多场景同样存在于当下互联网环境中。元宇宙在一开始可能只能实现三维化，但是不要急，只要搭好了台，自然而然就会有戏可唱。

元宇宙看似一个筐，什么东西都可以往里装。比如AR、VR、NFT、数字货币、区块链、数字孪生、传感技术、BCI、3D建模、计算机视觉、边缘计算等，似乎都可以与元宇宙搭上关系。元宇宙的产生体现的是现实世界与数字世界的融合。目前，将这种融合做得较好的有两大产业，一个是AR或VR硬件产业，另一个就是游戏产业。前者为数字世界提供硬件设备，近几年时常掀起热潮；后者常常因为娱乐性而让大家忽略了其高科技含量。其实自从VR诞生开始，电子游戏就是元宇宙的应用场景之一。我们认为，游戏的主要目的是，满足人类的想象力、好奇心，以及对于新娱乐手段的渴望。人类对新奇娱乐方式的追求几乎总是刻在骨子里的，而这种追求往往会转变成商业上的驱动力以及科技上的研发推动力。

元宇宙中游戏产业的发展是必然的。随着当前人类游戏方式的进步，各大游戏厂商正在向元宇宙纷至沓来。一方面，这是因为主机式的游戏产业已经遭遇了瓶颈，往堆砌美工和精细度的方向发展；另一方面，元宇宙的概念足够强大，也足够新颖。新的操作模式、操作方式，以及全景沉浸式的游玩体验，能提供足够大的故事创作空间，有足够多的商业模式等待被创造出来。游戏必然是元宇宙的主战场，而且将是一个十分惨烈的战场。

游戏与博弈对应的是同一个英文单词game，前一种翻译容易让我们低估其背后的技术水平，甚至常常将其与"不学无术"关联起来，而翻译成博弈就显得"不明觉厉"。游戏产业的技术涵盖范围广，包括计算机图形、人机交互、虚拟数字人、AI驱动内容生成、高精度实时渲染、动态捕捉、高仿真物理规律模拟等。这些技术随着游戏产业的繁荣而得以持续发展，并且在自身发展的同时，还促进了芯片、AR/VR等技术的发展。

元宇宙中还将诞生虚拟偶像、虚拟人物。我们所熟知的微软小冰，以及"小爱同学""Siri"等，都将是元宇宙中的主要角色。虚拟人物对元宇宙来说是不可缺少的，它们就像以前游戏中的NPC（非玩家角色）一样，承担着带领、介绍甚至管家的任务。可以说，虚拟偶像是第一个容易变现的产业。游戏虽然成熟，但正是因为这种成熟度，所以对是否进入元宇宙、进入元宇宙后应该采用什么样的模式，各家仍然处于一个犹豫不决的状态。但是虚拟人物天生就不存在这种限制，天生就是为了元宇宙服务的。主持人、偶像、预报员等形形色色的行业都会诞生各种虚拟人物，它们都会活跃在元宇宙世界中。

鉴于游戏对很多科技带来了变革的效果，我们完全有理由期待游戏将对元宇宙技术产生积极作用。很多人倾向于强调元宇宙的浸入感或沉浸感，强调化身或孪生。但我们的看法是，元宇宙实际落地、普及不应该强调代入感，应该强调的是分身。

我们要有一个明确的概念，即元宇宙在一开始绝对是没有共识的。这种没有共识并不应该简单地理解为"无"，我们从中更多地要看到的是"有"。这里的"有"指的就是各类厂商对于元宇宙的认知，它会反映在它们的产品、创造物上。而它们的创造物则会影响各个参与者（也就是个人），并通过自由竞争的方式来塑造每个参与者的认知。

元宇宙的共识过程实际上也发生在人脑的工作中。我们的意识是我们身体的各个部位对世界感知，并通过大脑加工之后达成一定的共识。"我"的意识对身体各个部分都有着很强的统摄性，所以我们有自由意志。元宇宙可以理解为人类社会在物理时空即地球上（甚至包含近地空间）创造出来的一个"超脑"，这个超脑里当然有些自娱自乐的部分，但更重要的部分是统摄周围物理世界的能力。在第一重境界里，这个统摄的过程还不是十分明显，我们将会在后面的境界中看到更明显的过程。

我们之前提到了元宇宙产品的价值，现在很多产品与服务大都强调沉浸感。但我认为，在第一重境界中，要判断一个元宇宙产品的价值，更重要的指标是代入感。在传统意义上，游戏的沉浸感更重要，但一旦迈入元宇宙，代入感则显得更加重要，我们不再一味地追求全方位的逼真。从具象到抽象，然后可能在某一个侧面又会变得很具象，这个过程体现了人类认知发生变化的特点。戏剧、小说、绘画、雕塑，这些都是具有长期脱域性质的事物。它们之所以能够长期存在于人类意识中，就是因为它们通过丰富的语言，增强了自己的代入感，并跨越时空，成为人类共同的认知坎陷。戏剧、小说在沉浸感上并不出色，甚至可以说，它们远远比不上现在热门的剧本杀和密室逃脱，因为后者的代入感更出色。从长期来看，代入感更出色的产品必然会成为更成功的元宇宙引领者，这是毋庸置疑的。还有一点值得一提，即意识形态方面的竞争。我们认为，随着元宇宙的发展，不同创造者在意识形态方面的倾向将不可避免地体现出来。例如，政治斗争、种族歧视、宗教运动等，在元宇宙中仍然会存在。这是一种必然趋势，值得我们警惕。

诸神混战

我们称第二重境界为诸神混战，英文为Olympus（奥林匹斯），即这一阶段将呈现巨头之间的竞争场景。在这一境界，各种价值、各种共识开始形成，各个侧面的元宇宙应运而生，情形会变得异常复杂，竞争持续的时间也会很长。

我们认为，第二重境界会是一个快速迭代的境界。不同于第一重境界中的百花齐放，很多产品是快速出现又快速消失的，在第二重境界中，各方竞争的不是单个产品，而是不同的体系。例如，目前的微软和苹果的竞争不是产品对产品，而是真正的生态对生态。

各家都有大量的封闭或者半封闭的产品，在各个层面上进行竞争，这是第二重境界的常态。

我们之前已经论述过，元宇宙的关键是意识。而到了第二重境界，对意识的争夺将会成为竞争的核心。各家将会用各种手段，竭力去领导元宇宙中不同意识的形成过程。此时，意识就代表价值，代表未来。谁能够更好地实现意识的重现，并能让意识更好地与现实世界中人类的需求相关联，谁就能获得最终的决定权。

对个人来说，这一重境界可能是最混乱的阶段。个人意识不再像第一个阶段那么独立，但个体能够明显地感觉出不同的体系拥有不同的价值。这时，对社会共识的强大需求应运而生。这是一个需要重构社会秩序的阶段。引领下一个时代的社会制度、社会共识甚至是社会文化，都会在这个混乱的时代中逐步稳定下来，而我们的个人意识也会经历一个从混乱快速转变成稳定的过程。

在这个阶段，元宇宙对周围世界的统摄作用将会逐步显现。各家开始各显神通，试图在不同的层面对物理世界进行或多或少的统摄。而不同的统摄程度也决定了大众对各家的态度和感受。这样一个不断选择和进化的过程，将会快速提升元宇宙的统摄能力。

我们认为，这个阶段将会是各个所谓的小厂商实现弯道超车的有利契机。经历过第一重境界中的竞争并存活下来的厂商，都会占据一部分稳定的市场。而在第二重境界中，有资金、资源的大厂，却不一定能赢过稳定且面对的赢利压力、董事会压力等相对较小的小厂。正如我们前面所说，很多厂商以为在这个时候需要发力，需要强力提升自己的统摄能力，这很容易噎死自己。只有踏实走好每一步，做好沉浸感打造的公司或者组织，才能够把元宇宙的服务推送给大家。

可以类比一下互联网的历史。我们可以看到，AOL（美国在线）是互联网的发端者，但是由于宽带时代的来临早已湮没无闻；网景（Netscape）是浏览器的鼻祖，但很早就因为微软将 IE 和 Windows 绑定的营销策略而消失；雅虎（Yahoo）作为最早互联网门户的代表，曾经被视为互联网奇迹的创造者，却成为多次卖身却不可得的负资产；甚至由马斯克加持的易贝（eBay），也早已变成人们在亚马逊之外才会偶尔想起的去处；最典型的例子是苹果，虽然有号称"人类最伟大的产品经理"的史蒂夫·乔布斯的加持，但苹果在一开始的产品就无法和 IBM 与微软共同打造的个人电脑竞争。

虽然 Facebook（脸书）更名为 Meta，微软花 600 多亿美元收购暴雪，腾讯、阿里等企业纷纷布局元宇宙，但未来元宇宙的巨头可能并不是现在我们看到的这些互联网巨头。我们在这里简单回顾互联网的历史，不是为了单纯地告诉大家所谓的"后发者优势"。在我们看来，问题要复杂得多。真正的共识形成需要过程，更需要依靠沉浸感打造带来的统摄作用。这是互联网走过的道路，更是一条符合人性和市场规律的道路。

在第二重境界中，大同之中可能存在很多细分的元宇宙，相当于每一个行业或每一个细分市场就有一个元宇宙，比如围绕教育主题的元宇宙、医疗的元宇宙、半导体的元宇宙、油画的元宇宙、宋词的元宇宙等。未来元宇宙中必然会出现新场景、创造新需求，这自然会催生新巨头，不过，这些未来的元宇宙巨头现在可能还没诞生。以当前的加密货币市场为例，比特币虽然成了加密货币的代言人，但是比特币作为先发者，却无法抵御以太坊等后来者的迅猛冲击。在某种程度上，以太坊等产品因为更好的包容性，具备了更好的普适性，未来前景可期。而成为"挖矿"代名词的比特币却面临越来越强的监管压力。也就是说，即使是区块链第一应用的比特币，都并不一定会占得元宇宙巨头的位置，毕竟51%攻击与能耗问题的硬伤始终是悬在头顶的利剑。而对于不断求新的以太坊，其创始人维塔利克·布特林也断言未来是多链融合而非跨链至上时代。这将是我们身边最有可能发生的事情，也有可能预示着元宇宙未来发展的方向。

在未来元宇宙中，理论上是所有参与者都能赚到钱，但其中又能大致分成两类。第一类就是成为核心团队成员，并实际参与直接的创新。比如有技术的人、有市场能力的人等，都可能作为核心团队一员，把一个项目推向成功，然后主导价值。这是第一类能赚到钱的人。

另一类就是普通参与者，通过支持项目来赚钱。激励参与者的总体原则是时间敏感和内容敏感。他们支持项目的方式分为两种，一种是单纯的点赞，另一种是发表理解的观点或评论。两种操作都需要缴纳通证作为支持项目的资金。在单纯点赞中，支持时间的节点越早，最终能够分得的奖励越高；在评论支持中，评论内容作为原始内容的背书（也可能是不同内容甚至是反对意见），允许被点赞和再评论。

我们可以引入节点的信誉度（或认知力）的概念，并对其进行量化评估，作为节点可信度和认知能力的重要依据。一方面，节点自身的历史记录可用来评估节点信誉度，以及了解其是否有不良记录；另一方面，体现节点的认知能力不仅是看回报，还看其是否有态度。如果点赞者能看准确切的技术方向，避开其他技术雷坑，其信誉度就比乱点一通的节点更高，而总是在权威节点点赞之前就支持的点赞者，其信誉度也能得到提升。

支持者可通过少量的通证投入来支持项目，也有可能早期点赞完全不需要任何通证投入，就能在项目达到里程碑之后获得分红。这就体现了对支持者认知水平的肯定与鼓励。

现在 The Sandbox、Decentraland 等很多元宇宙房产项目就是在虚拟世界中买卖房屋与土地等，这些都算是元宇宙概念的成功尝试。当然，这种成功更多的是指商业角度的成功，以及教育市场、教育用户意义上的成功。我们需要了解的是，在数字世界里，空间是可以无限延伸的。而在实体空间中，一块地上建了一座房子，就不能建别的了，除非拆了重建。因此，用户在数字空间里卖地、卖房子，追求的价值不再是空间，更多的可能是个性化态度的表达。

在我们构想的元宇宙中，每个人都会有一个自己的小世界，比如每个人都能对外展示自己的广场，广场上有各种自主打造的展示品，比如 CryptoPunk、雕塑、绘画、音乐、文章、诗作等。我们还可以展示我们愿意给其他人看的任何内容（当然是合法合规的内容）。广场周围还可以开设很多小门或窗，用来"穿越时空"，这些门窗实际上就是快捷访问方式。比如，一个周杰伦的粉丝可以从自己的广场开门迅速进入偶像的广场（见图9-1）。

广场与广场之间是 P2P（点对点）的关系，所有广场构成去中心化的网络。用户对自己的广场具有所有权（公私钥确定用户身份，只有用户有权设计、改造广场），个人的广场数据可以选择完全存储在私有设备里，广场的结构可以在法律法规、技术允许的范围内自行设计。为了让元宇宙的代入感更强，我们鼓励构建模拟真实世界的建筑。数字世界原则上是可以无限延展的，比如构建地上100层、地下100层的摩天大厦。

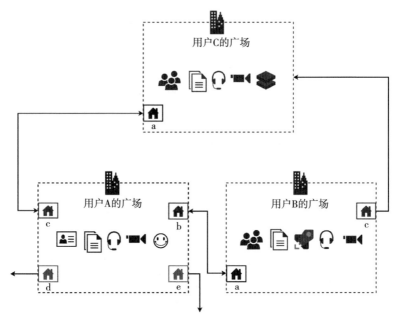

图9-1 一种元宇宙的展示方式

　　这种穿越时空的连接体现出主体的意愿与重视的一些侧面。广场的风格可以是个性化的，用户可以根据自己的喜好装饰成宫殿、田园、海底世界、外太空等样子。广场的主体不仅是个人，公司、组织、品牌都可以有自己的广场。比如，一些品牌可以在元宇宙中搭建豪华炫酷的展示厅，政府可以在广场上进行政策宣传。现实世界受到三维空间的限制，能够呈现的效果是有限的，但在元宇宙中，主体、设计师有着更加广阔的发挥空间。我们可以想象，未来在元宇宙中构建、设计、实现这些个性化广场的设计师或者建筑师将会非常稀缺。

协同进化

我们称最终一重境界为Kettle，这个单词的本意是水壶，我们更愿意将其形容为"炼丹炉"。

在这个阶段，价值的转移非常迅速，而且系统崩溃现象随处可见。不过，最终的结果必然是达成更广大的共识。在这个阶段，不同的元宇宙之间虽然各有分工、各有侧重，但本质上是元宇宙的融合。我们可以将这个情况想象成由无数小溪汇聚成的一条大河。一开始只是独立的几条小溪，慢慢汇聚，不断往前奔流、融合，可能中间有一些小溪会断流，但只要不断奔涌下去，最终会形成一条奔腾不息的大河。

到了最高境界，用户就不再通过简单的沉浸感交互，而是通过语言、代码来交互。我们一开始就可以在第三重境界里布局，其中包括我们对注意力的抓取，所以DID是非常重要的。因为在元宇宙这样一个超脑面前，任何引起其他用户注意的部分，都会变成价值的体现。当然，从独立性的角度出发，我们可以有自己的隐私，也可以有透明性。实际上，目前的交互方式甚至马斯克的这种BCI交互不一定是最好的，因为我们发现人类和物理世界的交互、人际交互最终还是要通过语言来实现。

另外，我们认为，元宇宙中存在竞争是一件好事。随着元宇宙在形成过程中的不断竞争和融合，产生"超脑"是必然的结果。而元宇宙本身，应当是一个类似大脑新皮质的事物。对人体来说，新皮质是大脑中进化最晚、出现最晚的脑结构。虽然进化晚，新皮质却是人在意识的提升中不断形成的东西，体积会越来越大，承担的功能越来越重要。另外，大部分感觉信息最终将汇总到皮质的特定区域，并产生与很多高级认知相关的联合皮质。元宇宙这个"大脑新皮质",应当随着人类不断的彼此交互及其和物理世界的交互而发展,并为了达到统摄地位而不断进化,最终产生集体意识,并形成自发的时间和空间秩序,成为整个人类社会的超脑。

在第三重境界中,我们要实现万物互联的目标。万物互联不是指当下简单的联结,而是指要实现统摄的联结。意识最终实现对物理世界的控制,需要技术的进步,更需要完善的底层设计。我们可以想象,在第三重境界的元宇宙中,个体、机器、组织作为不同参与者在元宇宙中自由地交互与协作,而元宇宙作为一个超级大脑,具有意识和感知,能让节点之间的协作更加顺畅。

元宇宙之所以伟大,是因为它构建了一个数字空间和数字世界里面的时间顺序。这个时间顺序是通过共识来达成的,是靠很多节点共同完成的,具有权威性,无须物理世界的支持,无须可信第三方的定义。

元宇宙的重要意义在于,构建时空秩序会形成内禀的时间和空间,并且未来每个节点、主体上的数字空间中存在无穷复杂、无穷维、无穷多的联系。但是未来想要提高它的效率,想要让它有自我意识,时空秩序是必需的,否则它就会乱作一团,效率很低,而且对物理世界的统摄和掌控缺乏有效性。因此,元宇宙需要建立时空秩序,最终变成一个超脑,整个人类社会的超脑。元宇宙也是人类的一种延伸。以前,我们通过文章、诗词、音乐等艺术方式来进行延伸,这些艺术作品承载了我们的意识创造活动,并影响他人。这种延伸比较有限,因为人类建立的共识比较松散。而在元宇宙中,人类的延伸将变得更加有机、更有秩序,而且让人类对世界的统摄更有力、更高效。

比如,区块链技术应当是元宇宙底层设计中不可缺少的一环。

区块链并不能保证完全不存在造假的情况，但它却能证明在某个时间存在某件事情，事后不可篡改。当然，在数据录入的那一刻仍然可以造假，但是造假的成本相当高——每一个造假者为了让假象看起来真实就必须一直造假下去。这远不如倒转过来，为了长远利益而真实记录，最终形成正向循环。

人工智能技术的高速发展也是这样。AI与数理、工程、制造、设计、就业、金融危机、政策、伦理等方面都可以进行结合。但人工智能需要引入"自我肯定需求"和"认知坎陷"，从而获得更大的发展。只有让人工智能具有天生的自我意识，它才能明白它本身应该起到的作用。而在这中间，区块链技术的引入，将会帮助人工智能从整个系统中不断得到正向反馈，从而逐步从整个共识机制中得到正向的自我认识，最终解决人工智能的潜在威胁，使得人工智能不会反噬人类社会。

在元宇宙中，如果充分发挥至善统摄的能力，我们就能够用未来统摄现在，用未来引导现在，用至善引导向善，保证各个节点遵守共识。这将成为未来区块链系统中"宪法"一般的规定。

我们进一步扩展大脑皮质的概念，其实也能说明个人在元宇宙中的定位。个人在元宇宙中，就像大脑皮质中的细胞那样，是可以实现自我复制的。要知道，元宇宙本身是一个在线的世界，但是有了自我复制，我们个人并不需要始终保持在线。我们可以离线，可以保留自我隐私。但最重要的是，我们可以作为生产者参与进去。而且生产者不止一个，只要我愿意，我可以创造一个学习中文的我、一个学习数学的我、一个打游戏的我、一个写代码的我。元宇宙的无限可能就在于，它能够让我们实现多个自我的同时创造。而这些创造，最终都可以汇总到个人身上。马克思设想过的上午劳动，下午写诗、唱歌的共产主义生活，在元宇宙世界中是可以实现的。

随着AI教育能力的进一步发展，我们可以创造出无数个分身去学习。这些学习的分身最了解我们自己，也最清楚我们需要什么，应该学什么，怎样才能获得提高。它们学习后，就可以成为我们个人的家庭教师，再来教物理世界中的我们。教育中的无效环节因为AI而大大缩减，而我们的成长则几乎可以达到人脑最大的极限。

在这种情况下，人类的生理年龄和心理年龄将进一步拉开。人类的认知水平将达到前所未有的高度。元宇宙也将逐步扩大影响力，成为越来越多的人的共识。

当然，我们承认，以上所有设想都是基于元宇宙"善"的一面去实现的。不可否认的是，元宇宙还有另一个可能——混乱、无序，最终指向一个类似赛博朋克的场景。那是一个商业组织彻底取代政府的极端情况：康采恩、托拉斯等大型组织彻底垄断了社会资源，并掌握了社会资源的分配权；大屏霓虹灯的亮光，却无法给阶级固化的社会带来一点新的光明。因为虚拟世界的掌控权也被大型商业组织垄断，所以这种黑暗更加难以被驱散，社会也更加"内卷"。元宇宙可能成为人类强化内部消耗和压迫的工具，这正是马斯克、刘慈欣等人反对元宇宙的原因。

那么，我们的信心从哪里来呢？答案是要回到人性。

我们认为，自我肯定需求是贯穿人的一生的。即使生活在虚拟世界中，衣食住行等基本物质活动也不可或缺，生老病死等基本规律也无法躲避。人类在面对生老病死的时候，总会本能地需要帮助，需要他人的善意。这是人性的本质，也是人类一代代传下来的坎陷。

在对未来的设想中，往往都会有一个独裁的政权，我们耳熟能详的有《星球大战》中的银河第一帝国，还有《银河英雄传说》中的银河帝国。之所以会这样，除了方便科幻作者强调矛盾、突出文学性外，还因为作家往往对人性保持高度敏感。面对科技力量的发展和人类在生物层面的短期停滞之间的矛盾，他们是找不到出路的，因此只有独裁才能够解决他们内心的矛盾。

但我们认为，凡是强调人性中恶的一面的人，往往都过于强调人类个体的存在。比如经典的理性人假设，本质上就是把个人和社会分开分析的产物。当然从数学模型的简化角度来看，这很有效，但社会本身是一个混沌体，而坎陷决定了在分析社会时必须考虑社会对人的影响。人性的确有自私的一面，但更有团结、向上奋斗的一面。元宇宙的三重境界本身并不否定竞争，更不会掩饰残酷，但也同样对最后的至臻境界有着充分的信心，因为元宇宙是人类的元宇宙。

我们认为，元宇宙绝对不可能走向由某一个人或某一个组织掌控的局面。元宇宙只能够是在某一个时间段、某一个地点、某一个方面让某些人满意、被某些人接受的元宇宙。大家都是元宇宙，但大家同时也在竞争、融合，这是必然的结果。

元宇宙的心智模型

我们前面已经提到认知坎陷。可以说，认知坎陷是一个事物认识自我、具有独立性的标志。自我作为最初、最重要的认知坎陷，它所指代的含义既可以是无穷多的，也可以在某一个场景下是有限的。比如，"我"可以是自己的名字、形象、声音、观点、作品等，其中每一个侧面又包含更多细节，在内容上甚至是无穷的；如果在讨论某一张合影时，我们说的"我"就会很具体地指向这张照片中一个人的形象。那么，认知坎陷这种看似矛盾的关系，放在机器上应该如何处理呢？

心智的工作模式

我们提到过"附着"和"隧通"，这对范畴可以决定我们如何在机器上实现看似抽象的内容。附着相对容易理解[1]，是指一个认知坎陷在具体时空和场景下选择某一个侧面来表达。隧通，则是指在不同认知坎陷之间或相同认知坎陷的不同侧面之间关系的建立。例如，隧通可以是建立因果关系[2]，也可以是类比、对比、否定、假借等关系。简而言之，隧通比建立因果关系要更加广泛。隧通的一个极致状态是德勒兹讲到的蔓延[3]，他主张的认知或概念是生成的且无边界的。但通常而言，隧通是一个优化的、较短的路径。我们在表9-1中列出了几组相关概念，用以对照理解。

表9-1 几组相似范畴的对比

范畴对		出处
附着	隧通	蔡恒进，蔡天琪[4]
实	名	名实之争
唯实论	唯名论	中世纪经院哲学

---

[1] 奎因说："本质脱离物而依附词时成为意义。"斯宾诺莎说："一切规定都是否定。智能的忽略，也就等于使焦点周围的其他所有的点都处于遮蔽状态中。"这些给我们定义认知坎陷的"附着"以启发。

[2] Schlkopf B, Locatello F, Bauer S, et al. Towards Causal Representation Learning [J]. *Proceedings of the IEEE*, 2021（5）: 612-634.

[3] Deleuze. *Différence et Répétition* [M]. Presses Universitaires de France, 1968.

[4] 蔡恒进，蔡天琪. 附着与隧通——心智的工作模式 [J]. 湖南大学学报, 2021（4）: 122-128.

范畴对		出处
可说	不可说	维特根斯坦
所指	能指	索绪尔
内涵	外延	逻辑学
有限性	无限性	—

中国哲学史和逻辑思想史上的"名实之辩"就是对名实关系的研究①，"实"可以理解为物理世界，"名"可以理解为语言概念。我们常提到的概念有"内涵"和"外延"之分，内涵是相对容易解释清楚的，而外延就可能是无穷的。维特根斯坦提到的"可说"与"不可说"，索绪尔的"所指"与"能指"，隐喻与其背后的含义。这些范畴对分别体现了有限与无限的特性，可以与我们提出的附着与隧通对照来理解。无限和有限之间看似存在巨大矛盾，但很多时候，人类恰恰可以将认知中无穷的内容附着在微观、具象的内容上。比如"我们的生活比蜜甜"，就是把一个无限的内容（生活）附着在一个很具体的事物（蜜）上。

意识片段（或认知坎陷）是超越时空的，而不止出现在一个时间点上，所以其内容可以无穷丰富。意识片段在时间上有连续性并

---

① 春秋时期，"名实相怨"，邓析首先作《刑名》一书以正之，并提出"按实定名""循名责实"的主张。孔子强调以名正实，以为"名不正则言不顺，言不顺则事不成"（《论语·子路》），主张按周礼规定的等级名分来纠正"礼乐不兴""刑罚不中"的现状。墨子提出"取实予名"，强调知与不知之别："非以其名也，亦以其取也。"（《墨子·贵义》）后期墨家对名、实关系做了详细分析，认为"所以谓，名也；所谓，实也"（《经说上》），指出有物才有名，无物便无名："有实也，而后谓之；无实也，是无谓也。"（《经说上》）名的作用在于"拟实""举实"，倘若名不符实，就会产生错误："过名也，说在宾。"（《经下》）

存在跳跃性，所以我们可以用一个符号指代某个意识片段，但这个符号不可能将意识片段完整地重构出来。

这种附着非常重要，可以用来理解自我等认知坎陷所具备的不同侧面。自我虽然可以指代无穷多的含义，但是在具体的场景下，自我依然可以具象，有时候指的是自己的外形，有时候指的是对应在某一个场景下的我，有时候指的是一个名字……在很多人心目中，李小龙可能只是附着在他身穿黄黑色运动服、手持双截棍的经典人物上的形象。在社交关系中，对不同人的认知可能就附着在这个人的名字上。不同的人或同一个人在不同情形下，认知坎陷的附着都可能会发生变化。

只有附着还不够，人类还要能在不同的场景下将意识片段的不同面向挖掘出来，这就是隧通的作用。比如病毒附着在RNA（核糖核酸）上，但一旦进入细胞或适宜环境，就可以感染和复制，可以在不同的环境中进行相应的表达，这就是一种隧通。换句话说，无穷多的内容先附着在具象上，然后通过这个具象来隧通到背后相关联的多个面向，但彼此可以互相传达。任何认知坎陷（包括信念等）都可以被附着和隧通，二者对应了学习过程里的"约（简约、简洁）"和"博（博大、广袤）"[1]。写作和阅读也是一直在附着和隧通，从博到约，从约到博。高级智能要求能灵活处理这类博约的问题。

人的脑容量有限，有理论说，人最多可以同时处理7个左右的念头[2]，而物理世界是无限的。可是，现实中有人就拥有很强的理解

---

① 蔡恒进，汪恺. AI时代的人文价值——对强计算主义的反驳[J]. 人文杂志. 2020（1）：45–53.

② Miller, G. A. The Magical Number Seven, Plus or Minus Two: Some Limits on our Capacity for Processing Information [J]. *Psychological Review*, 1956（63）：81–97.

能力与认知能力，似乎在任何场景中都能得心应手。其中的关键就在于，他们能够快速地找到适合的附着之处，或者说能自如地隧通。对大多数人而言，附着并不是难题，但如何隧通、如何更好地适应新场景则不是简单的问题，这体现了个体之间不同的智能水平。附着之处还是有好坏之分的，有人附着于自我、宗教信仰，有人关注身体状态，有人关注自己过去的遭遇，有人附着于对未来的美好期待，等等。除了附着本身的好坏之外，我们还要看主体附着之后能否更好地适应新场景，适应性更强的附着之处往往更优。

心智模型

要构建元宇宙的心智模型，我们可以在现有的意识模型上进行改进。

图灵奖得主布鲁姆提出了有意识的图灵机（Conscious Turing Machine，CTM）或有意识的AI（CAI）模型，这是一个从意识到无意识的树形结构模型。CTM模型中没有一个统一的中央处理器，取而代之的是一个从有意识到无意识的二进制树形结构：根节点上是短期记忆的意识处理器，子节点上是大量长期记忆的潜意识处理器。这些处理器行使中央处理器的职能，但不同的处理器有着不同的信息传递路径，而作为一种信息传播方式，它们会通过最短的方式做出最快速的信息传递。

如果要与布鲁姆的CTM机制相对比，那么我们改进机制的核心在于，除了机器或AI可以作为处理器节点，人也可以作为处理器节点，并且改进的机制中一定要有多种类型的通证，各节点通过通证来进行投票，达成共识。虽然CTM中的信息块（chunk）也有权重，但权重的赋值依然依赖于函数，并且权重的调节不会非常迅速，比不上多类型通证的调节效率与适用范围。通证的可迁移性更强，灵活度也更高，因此我们对CTM的改进建议就是：引入多通证机制，优化元宇宙的决策机制，以应对全新的、紧急的问题。CTM机制像是将意识相关的模块拼接在一起，而改进后的机制会更加简洁，各部分联结更加主动、紧密，也更有可能支撑实现元宇宙的心智模型。

元宇宙是人类的延伸和希望

人的超越性何在

面对当前人工智能的快速发展，经常会有一个问题被不断提起：究竟有哪些地方是机器比较难以超越人类的呢？

我们的回答是：人类经历的几千万年的进化过程。

这些过程发生在地球环境里，已经内嵌在我们的身体结构和意识形态中，所以我们与物理世界的关系是非常契合的。在面对前所未有的状况时，在宇宙观、价值观和道德观的指导下，我们大概率地能做出正确的反应，开显出新的认知坎陷。元宇宙不是从天上掉下来的。贝索斯曾经说过："你只能同现有的世界合作，而不能同你想要的世界合作。"元宇宙也是同理，只有和人类的进化过程结合，元宇宙的未来才更加实际。

机器是由人类设计的，主程序可以被看作机器的"我"，但是这个"我"很脆弱，缺少像人类自我意识对外部世界的统摄性力量。也就是说，机器并不具备能够统摄意识片段的自我意识，因此机器即便能够习得海量的认知坎陷，也无法连续自如地对其进行掌控。尽管现在的机器在某种程度上能够模仿人类，能够把接收的意识片段全部混合起来并创造出新的东西，但机器实际上还不能超越人的创造力，至少在最近的将来是这样的。

人类是碳基生命，而机器是硅基体，即使它们未来达成了某种默契，作为硅基体的机器所激发出来的认知坎陷，与碳基生命的人类所显示出来的认知坎陷之间很可能存在巨大的差别，或者说人类是难以理解机器的坎陷世界的。

在人工智能高速发展的情况下，在不远的将来，我们只需要少数人来设计新的机器，让人的智能和机器的智能融为一体，共同进化成一个更高级的智能。但这只是少数精英有能力处理的事情，大多数人可能无法达到这种技术或思维层次。那么对于普通人来说，生命更深层的意义何在？

我们认为，元宇宙的使命应该回归到自我的延伸，以实现自我的超越，诗意地生存。实际上，人类已经有很多自我延伸的方式。比如一名赛车手可以操控赛车飘移，这个时候他与赛车融为一体，他为此感到愉悦，操控赛车是对他自身的一种超越，这就是一种诗意的生存。或许未来在某种程度上，如果我们能控制机器，与智能系统融为一体来解决一些复杂的问题，那么这也将成为我们的一个延伸，同样也是一种诗意的生存。

古人所谓的"修身齐家治国平天下"，也是按照这样一个顺序来延伸自我的。修身比较容易，齐家难一些，治国难度更大，平天下是难度最高的延伸方式。这个顺序并非是完全不能跳跃的，但这是一个更自然的顺序，越是靠前的项目越适合大多数人来完成。

未来，在元宇宙中，我们可用的工具更多，我们可连接的主体更多，我们可以创造的事物更多，我们可以改变的路径更多。在机器崛起的视域下，我们进行自我延伸的方式也更多，实现人生价值的途径也将越来越丰富。我们应对人工智能挑战的当务之急就是，对未来有比较准确的预期，并改变人们的认知体系，以顺利过渡到新的时代。

人类生命本身就是对物理世界的一种反叛，这种反叛体现在人具有的"超越性"上，人试图利用主观意志来改造物理世界。例如，我们没有翅膀，不能像老鹰一样在天空中自由地翱翔，却创造了宇宙飞船，将人带入太空。在飞船中，人必须依靠一定的条件才能生存，比如空气、温度、湿度、重力、食物和饮用水等，这些在地球上看似唾手可得甚至理所当然的条件是人类赖以生存的根本。人类作为地球的一部分，并不能自以为是地认为自己可以随意主宰地球，我们的确可以改造世界，但必须以对未来负责为前提。

我们没有办法限制机器的生产或制造，但是可以将生产过程透明化。制造者有义务对大家公开生产过程，这样就会有人注意到当事者没意识到的潜在风险并想出办法来对付。人工智能可能会有很多不同的物种，它们之间也可能互相竞争或互相平衡，只有在这种情况下，人类可能相对安全。另外，人与人之间通过语言相互交流，人类就是通过语言来共同进化的。人机之间也可以如此，这可能需要区块链技术把人机连在一起。一个区块链系统本身就有可能进化成一个智能体，因为它综合了人类的智能与道德，同时还有机器的计算能力。

相对于基督教、佛教等宗教，中国的儒家学说更契合元宇宙的概念。儒家推崇对善的追求，其深刻和独特之处是，追求一种现世的超越，并直接提出如"三不朽""君子""圣人"等信条与道德目标引导中国传统知识分子去尊崇和践行。这种思想对于理解及塑造人工智能都有着重大的价值。

不可否认的是，随着时代的变革，儒家学说的部分内容已经不再适用，但这并不代表它的原则失去了效力。虽然我们不再倡导三从四德等规范，但是每个人立足自身并承担相应的社会责任仍然是我们应该遵循的原则。实际上，儒家这种立足自身、从"我"出发延伸到外部的思想具有更加广泛的体现，"修身齐家治国平天下"就描述了这样一种延伸路径。

人类创造人工智能、发展区块链，只是改造的一个开始，这种改造是否正确或带有善意，现在还不能下定论。人类如果不能为自己的未来负责，就很有可能摧毁自己创造的世界，甚至亲手埋葬自己的未来。

迈向至善的元宇宙

我们相信，人类具有生而得之的"善意"。从婴孩开始，我们获得抚养者的关爱与照顾，获得外界的空气与阳光。这些对生命而言的"善"（从善意炼化而来），使得我们在引领社会走向元宇宙时代时仍然追寻至善（从善炼化而来的最高境界）的方向。我们在发现比自己更落后的原始部落时，并不会因为彼此之间文化、生活的格格不入而将对方抹杀，我们不仅会尊重他们的存在，还很可能会为他们提供援助。这也说明了人类并不仅限于追求效率和利益最大化，人类对世界的多样性保有基本的尊重。因为我们承载了千万年的进化历史，我们知道过去是多样的，未来也不必追求整齐划一。我们要把收获的善意传承给下一代，并希望能够尽可能长久地存续、传承下去。

现在人机共进的最大威胁仍然在于，人类还没有完全思考清楚应该赋予机器以何种准则，甚至还在纠结是否应该赋予机器以意识。人类已经将意识片段赋予机器，且不可撤回。并不是我们将机器当作工具，它们就真的永远只是工具。即便是人类的无心之举，机器都有可能形成更强烈的意识甚至开显新的认知坎陷，因此，我们只能让机器尽可能理解人类遵循的准则，提前约定并让所有机器都遵循基本准则，否则灾难的发生可能就在一夜之间。

我们认为，未来机器应当遵守的基本准则之一就是保证其与人类在同一时间尺度上协作。众所周知，机器的反应速度是纳秒量级的，而人类的反应速度是毫秒量级的。机器完全可以在还不具备强烈意识的情况下，就因为追求效率而断定人的低效高耗，从而将人类当成垃圾邮件一样抹去，而人类甚至还来不及反应。基于此，人们现在应该通过区块链的挖矿等机制，将并行计算、串行计算和有人工计算参与的多问题求解组合在一起，使得机器（尤其是在重要问题上）必须等待人类信号，才能进行下一步操作。

元宇宙是人类发展的希望。时至今日，人类社会的秩序、制度甚至文化等无不经受着新科技的挑战。人类彼此之间的信任也在日益减少，在某种程度上，社会上产生了宁愿相信机器也不相信人的思潮。但我们认为，元宇宙恰好是重塑人类社会的最好机会。

我们认为，区块链技术将在元宇宙时代被大规模应用。区块链技术主张去中心化，实际上就是把个人放在一个更重要的位置上。只有这样，我们才有可能作为一个节点参与未来智能世界的发展。在元宇宙时代，我们更多的是构建一个未来的世界，而构建未来的世界更多的是在意识领域、精神领域或坎陷世界里做的事。你如果想让在坎陷世界里要做的事情富有价值，那么就需要让它有更好的可迁移性。在这里，我们每一个人、每一个团体或每一个国家所能占有的份额和扮演的角色是未定的，但是大家都有机会。核心的一点是要创新，要参透未来可能发生的事情。比如比特币，很多人不能理解它，认为它是一个完全虚构的东西，但如果我们能达成共识，大家都可以接受它，那么它就是现实，它的可迁移性就非常高。实际上，我们要关注这些东西，而不只是在原来的知识基础上来理解新出现的世界。比如，NFT 是售价上千万美元或是几亿美元的图像，可能会被认为是泡沫，它实际上是对未来的一个预示。因为在未来的意识世界和数字世界里，你的身份是非常重要的。在未来的世界里谁走在前列，谁的价值就越大且越受关注——当他发出一种声音时，这种声音自然会被更多人听见。现在当然还是一个资本的逻辑，但是我们希望这个逻辑不是由原来的钱决定的，而是由对未来有预见的这些人决定的。

在元宇宙时代，意识能不能上传？答案是能上传，但并非是百分之百上传。因为人的意识实际上也不完全是自己的，多少会受传统文化和语言的影响。当我们把自己的思想通过写文章、写诗、绘画来表达时，这都是在上传我们的意识，这些意识会穿越千年，为后人所传承。假如我们理解了意识的本质和意识的起源，那么我们现在的世界和未来的数字世界、未来的人机一体就是连续性的。

元宇宙的心智结构也应当围绕自我展开。元宇宙中的主体应进行自我重新附着与隧通，最终实现个人意识在元宇宙中的输出，甚至输出为重塑后的新意识。

自我通过与外界交互而进化，并因为其对物理世界作用的有效性和一致性而超越其物理界限，越来越多地展现出非定域性的自由意志。认知主体对其所处世界必然存有某些认知缺陷，但其能够通过主体间的相互沟通、共同协作来不断地对坎陷进行完善，因此其坎陷世界可以不断成长与开显。而随着主观能力越来越强大、自由意志得到越来越充分的释放，人类对世界的认识一方面不断地向真实的物理世界靠拢，另一方面在不断地寻求超越并逐渐发展得比物理世界更为强大。因此，我们有理由认为，随着认知的日益发展，人机的未来需要人类的设计和自由意志的指导。只有这样，人类才有可能成己而圣，为元宇宙立心，为万世开太平。